U0557355

"一带一路"沿线国家教育政策法规研究丛书

土耳其、叙利亚、黎巴嫩、约旦 教育政策法规

主编 / 张德祥 李枭鹰

编译 / 李枭鹰 齐小鹍 郑佳 彭晓帆 王博琦

大连理工大学出版社
Dalian University of Technology Press

图书在版编目(CIP)数据

土耳其、叙利亚、黎巴嫩、约旦教育政策法规 / 李枭鹰等编译. — 大连：大连理工大学出版社，2020.12
（"一带一路"沿线国家教育政策法规研究丛书 / 张德祥，李枭鹰主编）
ISBN 978-7-5685-2730-9

Ⅰ.①土… Ⅱ.①李… Ⅲ.①教育政策－土耳其②教育政策－叙利亚③教育政策－黎巴嫩④教育政策－约旦 Ⅳ.①D937.021.6

中国版本图书馆CIP数据核字(2020)第198608号

TUERQI XULIYA LIBANEN YUEDAN
JIAOYU ZHENGCE FAGUI

大连理工大学出版社出版

地址：大连市软件园路80号　　邮政编码：116023
发行：0411-84708842　　邮购：0411-84708943　　传真：0411-84701466
E-mail:dutp@dutp.cn　　URL:http://dutp.dlut.edu.cn

上海利丰雅高印刷有限公司印刷　　大连理工大学出版社发行

幅面尺寸：185mm×260mm　　印张：12　　字数：236千字
2020年12月第1版　　2020年12月第1次印刷

责任编辑：张　娜　　　　　　　　　　责任校对：朱诗宇
封面设计：奇景创意

ISBN 978-7-5685-2730-9　　　　　　　　　　定　价：86.00元

本书如有印装质量问题，请与我社发行部联系更换。

总 序

共建"一带一路"是中国提出的伟大倡议,也是中国与"一带一路"沿线国家的共同愿望。"一带一路"倡议出自中国,却不只属于中国,而属于"一带一路"沿线所有国家,乃至全世界。中国是"一带一路"的倡导者和推动者,沿线所有国家是"一带一路"的共商者、共建者和共享者。

为推进共建"一带一路"伟大倡议,让古丝绸之路焕发新的生机与活力,以新的形式使亚欧非各国联系更加紧密,互利合作迈向新的历史高度,中国政府于2015年3月28日发布了《推动共建丝绸之路经济带和21世纪海上丝绸之路的愿景与行动》,强调"一带一路"是促进共同发展、实现共同繁荣的合作共赢之路,是增进理解信任、加强全方位交流的和平友谊之路。中国政府倡议,秉持和平合作、开放包容、相互借鉴、互利共赢的理念,全方位推进务实合作,打造政治互信、经济融合、文化包容的利益共同体、命运共同体和责任共同体。

为贯彻落实《推动共建丝绸之路经济带和21世纪海上丝绸之路的愿景与行动》,2016年7月13日中华人民共和国教育部牵头制定了《推进共建"一带一路"教育行动》。该文件指出,推进共建"丝绸之路经济带"和"21世纪海上丝绸之路",为推动区域教育大开放、大交流、大融合提供了大契机。"一带一路"沿线国家教育加强合作、共同行动,既是共建"一带一路"的重要组成部分,又为共建"一带一路"提供人才支撑。中国愿与沿线国家一道,扩大人文交流,加强人才培养,共同开创教育的美好明天。

自共建"一带一路"倡议提出至2019年8月底,已有136个国家和30个国际组织与中国签署了195份共建"一带一路"合作文件。"一带一路"是一个多极的和多文化的世界,无论是政治、经济、文化、教育、生态还是种族、民族、宗教、习俗等,不同国家或地区之间存在这样或那样的差异。因此,只有全面了解民间需求与广泛民意、消除误解误判,只有国家的学者、企业家、政府部门、民间组织和民众充分理解各国的国际关系、宗教信仰、历史文化、风俗习惯、法律法规和民心社情,才能更好地推动"一带一路"建设。也就是说,"一带一路"沿线国家建立政治互信、经济融合、文化包容的利益共同体、命运共同体和责任共同体,必须根基于沿线国家间的"文化理解或认同",而这又与教育尤其是高等教育的交流合作密切相关。

教育政策法规是了解一个国家教育发展状况和治理水平的重要窗口，是各国之间教育合作交流的基本依据。为此，教育部牵头制定的《推进共建"一带一路"教育行动》呼吁沿线国家"加强教育政策沟通"，即通过开展"一带一路"教育法律、政策协同研究，构建沿线各国教育政策信息交流通报机制，为沿线各国政府推进教育政策互通提供依据与建议，为沿线各国学校和社会力量开展教育合作交流提供政策咨询；积极签署双边、多边和次区域教育合作框架协议，制定沿线各国教育合作交流国际公约，逐步疏通教育合作交流政策性瓶颈，实现学分互认、学位互授联授，协力推进教育共同体建设。

大连理工大学切实贯彻《推进共建"一带一路"教育行动》的精神，精心谋划和大力支持"一带一路"教育研究。该校原党委书记张德祥教授带领课题组成员克服文本搜集、组建团队、筹措经费等多重困难，充分发挥学校高等教育研究院、"一带一路"高等教育研究中心、中俄暨独联体合作研究中心以及教育部国别和区域研究中心"独联体国家研究中心"的优势和特色，积极参与和服务于"一带一路"的推进和共建，编译"一带一路"沿线国家教育政策法规，并在国内率先开展"一带一路"沿线国家教育政策法规研究，具有很好的教育发展战略意识和强烈的服务国家发展战略的责任感和使命感。中国高等教育学会大力支持这项工作，将"'一带一路'国家高等教育政策法规研究"立项为 2016 年高等教育科学研究"十三五"规划重大攻关课题，并建议课题组首先聚焦于编译"一带一路"沿线国家的教育法、高等教育法以及教育中长期发展规划等，及时为国家推进共建"一带一路"教育行动搭建教育政策沟通桥梁。该课题组根据中国高等教育学会专家组的意见，组织力量，编译了这套《"一带一路"沿线国家教育政策法规研究丛书》。作为中国高等教育学界的一名老兵，看到自己的学生们带领国内一批青年学者甘于奉献、不辞辛劳、不畏艰难，率先耕耘在"一带一路"沿线国家教育研究这片土地上，我由衷地感到欣慰。同时，大连理工大学出版社全力支持这套丛书的出版，不遗余力地为丛书的出版工作提供支持，使这套丛书能及时出版发行。最后，我真诚地希望参与这项工作的师生们努力工作，高质量、高水平地把编译成果呈现给"一带一路"的教育工作者。

是为序。

潘懋元于厦门大学高等教育研究中心
2019 年 9 月 10 日

前　言

　　2015年3月28日《推动共建丝绸之路经济带和21世纪海上丝绸之路的愿景与行动》和2016年7月13日《推进共建"一带一路"教育行动》的相继颁布，将"政策沟通"置于"五通"之首，让我们意识到编译《"一带一路"沿线国家教育政策法规研究丛书》的重要性和紧迫性。对我们来说，承担这一艰巨任务是一种考验，更是一种使命。

　　2016年中国高等教育学会组织申报高等教育科学研究"十三五"规划课题，将"'一带一路'背景下我国高等教育国际化研究"列入重大攻关课题指南。我们在这个框架之下组织申报的"'一带一路'国家高等教育政策法规研究"，获得了中国高等教育学会专家组的认可和支持，这对我们是极大的鞭策和鼓励。2016年11月，我们认真筹备和精心谋划，参加了中国高等教育学会组织的开题论证工作，汇报了课题的研究设想。听取了专家组的宝贵意见后，我们及时调整了课题研究重心。我们考虑首先要聚焦于编译"一带一路"沿线国家教育政策法规，因为，我们对许多国家的高等教育政策法规还不了解，国内也缺乏这方面的资料。编译这些资料既可以为我们日后的研究打下基础，也可以为其他研究者和部门进行相关研究、制定政策提供基础性的资料和参考。于是，我们调整了工作思路，即先编译，然后再进行研究。同时，考虑到许多国家的高等教育政策法规常常包括在教育政策法规中，我们的编译从"高等教育政策法规"拓展到"教育政策法规"，这种转变正好呼应了《推进共建"一带一路"教育行动》中的"政策沟通"。

　　主编《"一带一路"沿线国家教育政策法规研究丛书》，是一项相当繁重和极其艰辛的工作，其中的酸甜苦辣只有经历了才能体会到。第一，参与共建"一带一路"的国家相当多，截至2019年8月底，已有136个国家和30个国际组织与中国签署了共建"一带一路"合作文件。这套教育政策法规研究丛书虽然只涉及其中的69个国家，但即使是选择性地编译这些国家的教育法、高等教育法以及中长期教育发展规划等，也需要大量的人力、财力等的支持。第二，不少"一带一路"沿线国家的教育本身不够发达，与之密切关联的教育政策法规通常还在制定和健全之中，我们只能找到和编译那些现已出台的政策法规文本，抑或某些不属于政策法规却比较重要的文献。编译这类教育政策法规时，我们根据实际需要对某些文本进行了适当删减。由于编译这套丛书的工作量很大、历时较长，我们经常刚编译完某些国家旧有的教育政策法规，新的教育政策法规又出台了,我们不得不再次翻译最新的文本而舍弃旧有的文本。如此反反复复,做了不少"无用功"。即便如此,我们依然不敢担保所编译的教育政策法规是最新的。第三,"一带一路"沿线国家或地区的官方语言有80多种,涉及非通用语种70种(这套教育政策法规研究丛书涉及的69个国家,官方语言有50多种),我们竭尽全力邀请谙熟非通用语种的人士加盟,但依然还很不够。由于缺乏足够的谙熟非通用语种的人士加盟,很多教育政策法规被迫采用英文文本。在编译过程中,我们发现那些非英语国家的英文文本的表达方式与标准英文经常存在很大的出入,而且经常夹杂着这样或那样的"官方语言"或"民族语言"。这对编译工作是一个极大的挑战和考验,我们做到了尽最大努力去克服和处理。譬如,新西兰是一个特别注重原住民及其文化的国家,其教育政策法规设有专门的毛利语教育板块,因而文本中存有大量的毛利语。为了翻译这些毛利语,编译者查阅了大量有关毛利文化的书籍和文献,有时译准一个毛利语词语要花上数十天甚至更长的时间。类似的情况经常碰到,编译者们付出了难以计量的劳动,真诚地希望这套丛书的出版能给他们带来足够的精神上的慰藉。

　　为了顺利推进研究工作,我们围绕研究目标和研究重点,竭尽全力组建结构合理的研究团队,制订详尽的研究计划,规划时间表和线路图,及时启动研究工作,进入研究状态。大连理工大学积极参与"一带一路"建设,高度重视"一带一路"沿线国家教育研究工作,成立了"'一带一路'高等教育研究中心"、"中俄暨独联体合作研究中心"和教育部国别和区域研究中心"独联体国家研究中心"。大连理工大学、大连外国语大学、大连民族大学、杭州师范大学、广西民族大学、广西财经学院、广西职业技术学院、广西桂林市委党校、南开大学、海南大学、重庆大学、赤峰学院、天津市教育科学研究院等单位的有关专家、学者、教师、学生积极参与此项工作,没有他们的艰辛付出和辛勤劳动,编译工作将举步维艰。这项工作得到了大连理工大学出版社的大力支持,出版社的同志们不畏艰辛、不厌其烦、不计回报,为这套丛书的出版付出了难以想象的汗水和精力。对此,课题组由衷地表示感谢。

张德祥　李枭鹰
2019年9月8日

目 录

土耳其 / 1
土耳其高等教育法(1981年) / 3
土耳其国家教育部终身学习战略(2009年) / 35

叙利亚 / 55
叙利亚千年发展计划(初等教育普及化) / 57

黎巴嫩 / 63
黎巴嫩的高等教育系统 / 65
黎巴嫩国家教育战略(2006年) / 75
黎巴嫩教育部门发展计划(普通教育)(2010—2015年) / 91

约 旦 / 97
约旦国家教育战略(2006年) / 99
约旦高等教育和科学研究法 / 114
约旦教育战略计划(2018—2022年) / 119

附 录 / 165
附录一 推动共建丝绸之路经济带和21世纪海上丝绸之路的愿景与行动 / 167
附录二 教育部关于印发《推进共建"一带一路"教育行动》的通知 / 175

后 记 / 181

土耳其

土耳其共和国，简称"土耳其"，地跨亚、欧两洲，邻格鲁吉亚、亚美尼亚、阿塞拜疆、伊朗、伊拉克、叙利亚、希腊和保加利亚，濒地中海、爱琴海、马尔马拉海和黑海。

土耳其工业基础好，主要有食品加工、纺织、汽车、采矿、钢铁、石油、建筑、木材和造纸等产业。农业基础较好，主要农产品有烟草、棉花、稻谷、橄榄、甜菜、柑橘、牲畜等。粮棉果蔬肉等主要农副产品基本实现自给自足，粮食自给率98.8％。

土耳其大国民议会，是土耳其最高立法机构。共设600个议席，议员根据各省人口比例经选举产生，任期5年。实行普遍直接选举制，18岁以上公民享有选举权和被选举权。只有超过全国选票10％的政党或政党联盟才可拥有议会席位。

2012年3月，土耳其议会对义务教育制度进行改革，规定义务教育由原来的8年延长至12年，并改为小学4年，初中4年和职业专科学校4年的模式。土耳其共有各类教育学校6万余所，在校学生约2531万人，教师约103万人。

现有大学207所。著名高等学府有安卡拉大学、哈杰泰普大学、中东技术大学、比尔肯特大学、伊斯坦布尔大学、海峡大学、爱琴海大学。

注：以上资料数据参考依据为中国外交部官方网站土耳其国家概况（2020年10月更新）。

土耳其高等教育法(1981年)

第一部分 本法的目的、范围和定义

第一条 目的

本法的目的是明确高等教育的目标和原则,建立与教育、研究、出版、教学人员、学生和其他高等教育机构及其管理机构人员的工作、职务、权力和职责有关的原则。

第二条 范围

本法涵盖了高等教育管理机构、其他高等教育机构及其下属部门的活动和原则。

土耳其武装部队和安全组织的高等教育机构的有关事项,受其他独立法律的约束。

第三条 定义

本法使用的概念和术语定义如下:

1. 高等教育:在国家教育系统中,至少包含四个学期的所有中学后教育。

2. 管理机构:高等教育委员会和大学校际董事会。

3. 高等教育机构:大学、高等技术学院、学院、研究生院、高等教育学院、音乐学院、高等职业学院、研究和应用中心。高等技术学院是具有学术自治和法人资格的高等教育机构,开展高水平的研究、教育、生产、出版以及技术领域的专门咨询。

4. 大学:具有学术自治和法人资格的高等教育机构,开展高水平教育、学术研究、出版和咨询;大学由各种学院、研究生院、高等教育学院和类似的机构和单位组成。

5. 学院:开展高水平教育、学术研究和出版的高等教育机构;学院可以设下属部门。

6. 研究生院:大学和学院的一个机构,涉及多个相关学术领域的研究生教育、学术研究和应用研究。

7. 高等教育学院:主要为特定职业提供指导的高等教育机构。

8. 音乐学院:音乐和表演艺术领域的高等教育机构。

9. 高等职业学院:实行四学期教育的高等教育机构,旨在培养特定领域的人才。

10. 研究和应用中心:开展研究和应用研究,以满足不同领域的应用研究需求,为各专业领域提供预备和支持的高等教育机构,旨在支持高等教育机构的教育。

11. 院系:学院或高等教育学院提供教学和开展研究的单位;院系包含类似或相

的科学或艺术领域,其在目标、范围和性质上构成一个整体。院系细分为隶属于院系的部门。设立直接隶属于校长办公室的院系,以便为各院系提供通识课程。

12.教职工:教学工作人员以及教员、讲师和辅助人员。

13.教学工作人员:高等教育机构的教授、副教授和助理教授。

(1)教授:拥有最高学术头衔的教学工作人员。

(2)副教授:圆满完成大学校际董事会要求并被授予副教授头衔的教学工作人员。

(3)助理教授:第一阶段的教学工作人员,他们已获得博士学位,或在医学领域取得专业资格,或在美术领域获得资格证书。

14.教员:负责课程教学和实际应用研究的教职工。

15.讲师:负责各教学计划中某些通识必修课教学的教职工。

16.辅助人员:包括研究助理、专业人员、翻译员和教育规划人员。辅助人员在特定的时间内任命。

17.学士学位前阶段:中学后的高等教育,包括至少四学期课程,目标是职业培训或达到学士学位的第一阶段水平。

18.学士学位阶段:至少八学期的中学后教育。

19.研究生学习:一个涵盖硕士和博士学位课程、医学专业化培训或艺术资格培训的术语,包括:

(1)硕士学位课程:学士学位后阶段的高等教育,由课程学习和研究组成。

(2)博士学位课程:至少六学期(学士学位后阶段)或至少四学期(硕士学位后阶段,或经卫生部批准的为医学或科学学院的毕业生提供实验领域的后专业化教育)的高等教育课程,最后完成一篇原创性的学术研究报告。

(3)医学专业化培训:根据卫生部的规定进行高等教育课程教学,并在医学的某一个领域实现专业化。

(4)艺术资格培训:学士学位后课程(至少六学期)或硕士学位后课程(至少四学期),相当于博士水平课程。这种培训需要展示一件原创性艺术作品,或在音乐和表演艺术中展示卓越的、创造性表演。

20.高等教育类型

(1)正规教育:在整个教育过程中,课程需要出勤。

(2)远程教育:通过广播、电视和教材进行的教育。

(3)外部教育:在工作时间之外提供课程的教育。课堂出勤不是强制性的,但学生必须参加期中和期末考试。

(4)非正规教育:提供给公众的教育,目的是传播知识和让公众能在不同领域获得技能。

第二部分 总则

第四条 高等教育目标

1. 教育学生以使他们:

(1)忠于凯末尔主义和阿塔图尔克的改革和原则。

(2)符合土耳其国家的民族、伦理、人类、精神和文化的价值,并意识到作为一个土耳其人的特权。

(3)将共同利益置于个人利益之上,对家庭、国家和民族都有充分的奉献精神。

(4)完全意识到自己对国家的义务和责任,并能采取相应的行动。

(5)成为客观的、心胸开阔的和尊重人权的个体。

(6)在生理、精神、心理、道德和情感上平衡发展。

(7)证明自己是为国家的发展和福利做出贡献的好公民,同时为自己未来的职业发展获得必要的知识和技能。

2. 整体上提高土耳其的国家福利,促进民族和领土的不可分割;实施有益于加速国家经济、社会、文化发展的项目;确保学生在当代文明进程中是建设性的、创造性的和杰出的参与者。

3. 作为高等教育机构,开展高学术水平的学习和研究,提高知识和技术水平,传播科学发现,以促进国家的进步和发展,并通过与国内外机构的合作,成为学术界的公认成员,为时代的变革做出贡献。

第五条 基本原则

高等教育根据以下基本原则组织、规划和计划:

1. 确保学生树立一种符合阿塔图尔克改革和原则的责任感,忠诚于阿塔图尔克民族。

2. 将民族文化与世界文化相融合,发展和培育与土耳其习俗和传统相适应的民族文化,以便培养学生强烈的民族统一与团结意识。

3. 达成教育的宗旨和目标,实现各种高等教育机构和研究领域的特性。

4. 根据国家和区域需要、科学和技术原则,制定和定期更新短期和长期规划和方案。

5. 采取措施确保高等教育机会均等。

6. 根据国家发展计划的原则和目标、高等教育委员会的推荐或建议,在高等教育规划范围内,依法建立新大学和高等技术学院,以及大学的新学院、研究生院和高等教育学院。

7. 根据高等教育委员会提出的基本原则,由部长委员会决定,建立附属于各部委的高等教育职业学院。

8. 发展高等教育机构,提高办学效率,扩大办学规模,以覆盖全国,培训国内外教学人员,并做好相应的工作;确保人力资源需求和教育之间的平衡;分配资源和专业的人力资源和教育;按照国家教育政策和国家发展规划的原则和目标,规划并以某种方式实现涵盖正规的和非正规的、持续的远程教育,满足国家和地方的需要和实践领域的专门要求。

9.在高等教育机构的教育课程中,阿塔图尔克原则、土耳其语改革历史、土耳其语和其他一门外语都是必修课。另外,课程中还应包括一门体育或美术领域的某一门非必修课。所有这些课程计划和实施不少于两个学期。

第三部分　管理机构

第六条　高等教育委员会

1.高等教育委员会是一个具有法人资格的自治机构。高等教育委员会在本法赋予的职责与权力范围内,管辖所有的高等教育,指导高等教育机构的活动。高等教育委员会与高等教育监事会、学生选拔与安置中心和相关部门,负责规划、研究、发展、评估、预算、投资和协调。

2.高等教育委员会由以下成员组成:

(1)由共和国总统从以前的校长和杰出教授中选出的七名成员。

(2)由部长委员会从杰出的、高级的公务员中选出的七名成员,应是在职的或退休的公务员(在法官或检察官的监督下,经司法部批准及其个人同意)。

(3)由总参谋长选出的一名成员。

(4)由大学校际董事会从非董事会人员中选出的七名教授。

根据第(2)、(3)和(4)项遴选和提名的成员,经共和国总统批准后成为最终的委员会成员。上述款项规定的委员会成员的提名,应当在一个月内完成;如不能获得共和国总统批准,应在两周内提名新的候选人,否则将由共和国总统直接任命委员会成员。

从公共机构任职人员中选出的成员将保持与相关机构的关系。

委员会成员的任期为四年。举行新的选举,遴选出新的委员会成员,取代那些因任何理由而离开的委员会成员,并完成一届任期。任期届满的委员会成员有资格再次竞选。

3.高等教育委员会的机构是大会、主席和执行委员会。

大会成员已在上述第2款中明确规定。大会每学期至少召开三次。大会也可以由委员会主席或不少于三分之一的委员会成员,以书面的形式申请召开。

委员会主席由共和国总统从担任委员会成员四年的成员中选出。

委员会主席负责执行法律、法规以及大会和执行委员会的决定;委员会主席代表委员会,并任命学术人员和其他人员,其遴选属于委员会的职权范围。

国家教育部部长认为有必要时,参加并主持大会。

执行委员会由九名成员组成,包括主席在内。两名副主席从大会成员和执行委员会成员中选出,一名由执行委员会主席选出,另一名由大会成员选出。执行委员会的其余成员由大会选出,如下:第六条第2款第(1)项中规定的两名成员;第六条第2款的第(2)、(3)项规定的两名成员;第六条第2款第(4)项规定的两名成员。从法官或检察官中选出的大会成员,不能当选为执行委员会的成员。

委员会主席主持大会和执行委员会会议。主席缺席时,其中一名副主席代表主席主持大会和会议。

大会可以依据高等教育法,授权执行委员会以权力和职责,除了以下内容:高等教育计划、组织、指导和监督,制定规章,高等教育管理机构和大学编制的预算审批,以及大学校长候选人提名。

大会会议的法定人数为14人,而执行委员会会议的法定人数是六人。这两个机构的决定都取决于大多数投票。如果出现平局,主席的投票按两票计算。

4. 主席和执行委员会成员的薪金,由部长委员会根据第657号法、《公务员法》决定,数额不超过支付给最高级别公务员(包括补充指标、辅助支付和补偿)的两倍。执行委员会成员从公共机构得不到更多的薪金。领取退休金的委员会成员继续领取养老金。作为执行委员会成员的公务员,在其雇用机构被认为是无薪休假和保留他们作为人员的所有累积权利。

除了执行委员会的成员外,作为出席会议的酬金而支付给大会成员的款额,应按公务员每月薪金系数乘以4 000来计算。但是,一年内最多可支付12次这样的参与酬金。

5. 对执行委员会成员的任命是全职的。在部长委员会给予临时任务的情况下,高等教育委员会主席和执行委员会成员不允许受聘于任何公共或私人机构,除为公共利益、基金会和附属机构设立的协会以外,他们得不到服务报酬。

执行委员会成员,除由部长委员会指定的任务外,因任何原因而在一年之内缺席一个月,将被假定为丧失其成员资格。

6. 除了那些没有从其最初的工作辞职的成员之外,高等教育委员会的成员不受法律规定的最高年龄限制,只要他们继续当选并担任委员会成员。

第七条 高等教育委员会的职能

高等教育委员会的职能如下:

1. 为高等教育机构教育活动的建立、发展和实现,拟订短期和长期计划;根据本法所定的宗旨、目标和原则,对国内外教学人员进行培训;在这些计划和项目的框架内,有效地监督分配给大学的资源。

2. 按照本法规定的宗旨、原则和目标,促进高等教育机构之间的持续的、和谐的协调与合作,实现统一和融合。

3. 确定与最高效率的大学运行相适应的增长幅度,并采取诸如夏季课程、夜间课程和双班教育等措施。

4.根据国家发展计划的原则和目标,并在高等教育规划的背景下:

(1)向国家教育部提出关于设立学校的建议或意见,必要时,统一新建的大学。

(2)根据各大学关于开放、统一或关闭大学里的学院、研究生院和高等教育学院的建议做出决定,并将上述决定转达给国家教育部,适时采取适当行动。

根据各大学提出的有关部门、科室、研究和应用研究中心的开放、统一或关闭的要求,以及开设音乐学院、高等职业学校、预备学校或单位的建议,做出决定并直接实施。

在造成教育体制崩溃的情况下,根据大学提出的关于临时关闭或重新推荐教育的建议直接做出决定,并付诸实施。

(3)研究各部委设立高等教育机构的目的和基本原理,并向主管部门提出意见。

5.确证和考虑大学校际董事会的意见,有关教育课程的最少学习时间的原则,随后一年的学习条件,高等教育机构内部和校际的转学,以及高等教育学校的毕业生在更高层次继续学习的原则。

6.根据需要、教育计划、分流学习、研究活动、应用领域、建筑、材料和类似设施等方面的特点,以及大学生人数和其他相关事宜,固定大学教授、副教授、助理教授职务的平衡比例。

7.审查和评估各大学提交的年度活动报告;确定履职合格与不合格人员名单,并采取必要措施。

8.审查大学关于上述问题的建议之后,决定每个学术项目每年最大的学生录取人数,根据人力资源规划、机构能力、学生的兴趣和技能以及中学教育的方向性原则,进一步确定选择和录取学生的原则。

9.采取措施实现在高等教育机构和招生过程中的机会均等。

10.提出有关高等教育机构在各学年对学生收费的建议。

11.向国家教育部报送主管机关和大学审查批准后的预算。

12.实施和决定关于校长的惩罚程序;根据校长提议或直接启动解雇或调任程序,对于未有效履行本法规定的职责的教职工,以及违背本法的目标、基本原则和命令的教职工,高等教育督导可将其调任其他机构的实习岗位。

13.在艺术和科学的各个领域建立国家学术委员会和工作小组。

14.设计与发达大学对新成立的或发展中大学做贡献的相关原则,这些原则是关于教育和工作人员发展的,并在必要时指定发达大学提供这些服务。

15.向国家教育部提出有关高等教育机构在本法规定范围内建立的意见和建议,对有关机构采取必要措施,并对其进行监督。

16.确定在国外高等教育机构中获得学士学位前、学士学位和研究生学位的等同价值。

17.履行本法规定的其他义务。

第八条　高等教育监事会

1.高等教育监事会是一个代表高等教育委员会的机构,负责监督和控制大学及其附属单位、教学人员及其活动。

2.高等教育监事会的组成：

(1)由高等教育委员会提名五名教授。

(2)由高等教育委员会从九名候选人中选出并提名三名成员；由最高法院从九名候选人中选出并提名三名成员，国务委员会和审计法院也如此。

(3)另有两名成员，一名由总参谋长选定，另一名由国家教育部选定。

按照现行程序任命高等教育监事会的成员。

高等教育监事会主席由高等教育委员会主席的董事会任命。

总参谋长所选的成员任期为两年；其他成员的任期为六年。由总参谋长选出的成员将被视为无薪休假，但由人事立法产生的所有其他权利均保留。所有其他成员与其机构的关系终止。监事会成员的年龄限制(退休)与教学人员的年龄限制相同。

三分之一的成员每两年更新一次，除了由总参谋长选出的成员以外。任期届满的成员可以连任。在正常任期结束前(不论其原因)终止成员资格，选择一个具有相同地位的新成员来完成剩余期限的工作。

监事会成员的工资由部长委员会确定，其工资不超过高等教育委员会成员的工资。被选中的退休人员继续领取他们的养老金。

高等教育监事会的成员不得为任何公共或私人组织工作，除非是由部长委员会和高等教育委员会指定的特殊临时职务。因除临时工作和年假以外的任何原因而在一年内缺席三个月的会员，都将被认为离开了监事会。

第九条　高等教育监事会的职责

高等教育监事会的职责如下：

1.代表高等教育委员会监督高等学校的教育和其他活动，考察其与本法规定的宗旨和主要原则以及高等教育委员会制定的原则的一致性。

2.根据高等教育委员会主席的要求，依照本法第五十三条的规定，执行调查程序。

3.履行本法规定的其他义务。

第十条　学生选拔与安置中心

学生选拔与安置中心根据高等教育委员会设立的基本原则，决定高等教育院校招生录取的考试原则。根据其结果和高等教育委员会决定的原则，准备、管理和评估考试，并根据学生的喜好，将学生候选人安排在大学和其他高等教育机构，以及开展与这些活动有关的研究和执行其他服务。

在高等教育机构的要求下，学生选拔与安置中心，在各地方进行问卷调查、考试和评估，包括副教授考试、学生注册程序和高等教育委员会分配的其他任务。

候选人为这些服务付费。这些费用将在高等教育学生选拔和就业基金理事会中收取。高等教育委员会主席负责该基金。该基金将用于选拔和安置服务。在基金和其他财务事项的支出中，遵循循环使用基金的原则。与行政、管理和监督有关的基本原则由高等教育委员会决定。每年年底，基金中剩余的资金转入下一年的基金。

第十一条 大学校际董事会

1.大学校际董事会的组成：各大学的校长；由总参谋长从武装部队选出一名教授，任期为四年；由评议会从每一所大学选出一名教授，任期为四年。

校长轮流担任大学校际董事会的主席，任期为一年。校长轮流按照自土耳其共和国成立以来各大学成立的日期排序。

董事会可成立永久和临时单位和委员会，以便促进其活动并确保各大学和国际高等教育机构之间的合作。这些单位和委员会的组织和工作程序由大学校际董事会规定。

该董事会每年至少在主席所在大学所在地的城市举行两次会议，除非另有规定，董事会的议程将事先提交给国家教育部、高等教育委员会和大学校际董事会成员。

国家教育部部长和高等教育委员会主席，如果认为有必要，可以参加大学校际董事会的会议。

2.大学校际董事会是一个具有以下职责的学术机构：

（1）在高等教育规划范围内，协调大学的教学、研究和出版活动，评估实施情况，并向高等教育委员会和大学提出建议。

（2）建议采取措施，以满足高校教学人员的需要，使其在组织和学术人员岗位上有一定的地位，并符合高等教育委员会的决定。

（3）准备有关所有大学的教育、研究和出版活动的规定，或就这些事项发表意见。

（4）确保具有相同或相似特征学院的教学原则和教育阶段之间的协调，或其他附属于大学或学院的高等教育机构之间的协调。

（5）建立关于博士教育工作的原则，并对国外获得的博士学位和副教授、教授的学术头衔进行评估。

（6）根据相关规定，组织副教授考试，确定副教授候选人的出版物和研究工作的评审原则，并选择评审团。

（7）履行本法规定的其他义务。

第四部分　高等教育机构

第十二条　高等教育机构的职责

根据本法的宗旨和基本原则，高等教育机构的职责如下：

1.根据发展计划的原则和目标，结合社会的需要，在现代社会和当代教育的条件下，在各地方开展中学后教育，开展学术研究，从事出版工作，开展咨询工作。

2.根据高等教育委员会制定的国家教育政策和发展计划、项目的原则和目标，以合理、高效、经济的方式，利用自身的专业能力和物质资源，为满足国家的需要，在必要的领域培养专门的人才。

3.通过传媒、口头、书面或其他形式，以及科学数据和学术发现，如可能提高土耳其社会的生活水平，并使公众普遍得到启发。

4.通过正规、非正规、继续和成人教育培训学生,特别是在工业化和农业现代化方面。

5.开展与国家科学、文化、社会、经济进步和发展有关的研究和教育活动,并与其他组织合作,鼓励公共组织为这些活动做出贡献;为公众提供研究成果,开展公共机构需要的研究,并提出相关建议。

6.采取措施,对动员扫盲运动的正规、非正规、继续、广泛、持续和成人教育机构做出贡献。

7.促进农业和工业工人的培训和发展,使工业、农业和卫生领域的服务现代化,准备和实施发展生产力的项目,并参与解决环境问题的活动。

8.发展、应用及推广教育科技。

9.遵循以更实用的高等教育方式发展教育的原则,建立循环资金,高效运作,并为这些活动的发展采取必要措施。

第十三条　大学组织

1.在公立大学,校长由共和国总统从拥有教授学术头衔的候选人中任命,候选人由大学教学工作人员从公告的大学现任校长中选出。校长任期为四年,任期届满时,再以相同方式任命校长,校长最多可连任两届。校长是高等教育机构的法人代表。候选人的选拔通过无记名投票方式进行。每一位教学工作人员都可以在选票上写上一位候选人的名字。为了进行投票,至少有一半的教学工作人员必须在场。如达不到这个人数,则为法定人数不够,选举推迟48小时。高等教育委员会向共和国总统提出三名候选人,应从在上述投票中获得最多票数的六名候选人中选出。由基金会建立的私立大学,候选人的遴选和校长的任命由有关的受托人董事会执行。

校长候选人必须低于67岁。但是,在任职期间达到67岁的人,可以在不考虑年龄限制的情况下继续工作到任期结束。

校长可以挑选三名大学的受薪教授担任副校长。但是,对于负责集中远程教育的大学,校长可以在必要时挑选五名副校长。

副校长由校长任命,任期为五年。

校长不在时,由校长指派一名副校长担任代理校长。校长如果要离开工作岗位超过两个星期,就要通知高等教育委员会。如果代理校长工作持续6个月以上,就会指派一名新的校长。

2.校长的职务、权力和职责:

(1)主持大学校际董事会,落实高等教育管理机构的决议,审查和决定大学校际董事会的提案,确保各大学附属组织之间的协调。

(2)每学年结束时,在必要的时候,向大学校际董事会报告有关教育、研究和出版的大学学术活动。

(3)收到附属机构、咨询评议会和大学行政管理委员会的建议之后,准备大学的投资计划、预算和人事需求,并将其提交给高等教育委员会。

(4)在被认为必要时,改变包括大学在内的组织和单位的教学工作人员和其他人员的服务定位,或委派他们以新的职务。

(5)监督大学的组成单位和各层次人员。

(6)执行本法规定的其他职责。

校长被赋予最终的权威和责任,即合理利用和发展大学及其附属机构的教育能力,为学生提供必要的社会服务,必要时采取安全措施,根据国家发展计划的原则和目标对教育、研究和出版进行规划和实施,对学术和行政职责进行监督,将这些职责移交给下属,以及对这一政策结果进行监督和审查。

第十四条　评议会

1.评议会由校长主持,成员有副校长、每个学院的院长、各学院委员会选出的每届任期为三年的教学工作人员、研究生院和附属于校长办公室的高等教育学院的负责人。

评议会每年至少举行两次会议,一次在每学年开始,一次在每学年结束。

校长在必要时召开评议会会议。

2.评议会是大学的学术组织,具有以下功能:

(1)决定与大学的教育计划、研究和出版活动有关的原则。

(2)起草关于整个大学的法律、法规草案,并对其发表意见。

(3)制定有关大学及其附属单位的规章制度,经校长批准后,在官方公报上刊登。

(4)检查并决定大学的年度学术计划和日历。

(5)根据教师委员会的推荐授予荣誉学术头衔(不需要考试)。

(6)在出现反对意见的情况下,对教师委员会、研究生院委员会、附属于校长办公室的高等教育学院的决定进行调停。

(7)选举大学行政管理委员会成员。

(8)履行本法规定的其他职责。

第十五条　大学行政管理委员会

1.大学行政管理委员会由校长主持,成员有各学院院长、三名由评议会选出的教授,任期为四年。教授应该代表大学的不同领域。

校长在必要时召开大学行政管理委员会会议。

副校长可以作为正式成员参加行政管理委员会的会议。

2.大学行政管理委员会是一个协助校长履行行政职务的机构,并有下列职责:

(1)根据指定的计划和项目,协助校长执行评议会和高等教育管理机构的决定。

(2)为确保计划和项目生效,同时考虑到大学组成单位的建议,审查投资项目和预算建议草案,并向校长办公室提交相关的意见和建议。

(3)决定校长提出的与大学管理相关的事项。

(4)对教师行政管理委员会、研究生院和高等教育学院决定的反对意见,进行检查并做出最终决定。

(5)履行本法规定的其他职责。

教师机构

第十六条 院长

1.院长是教师及其单位的代表,由高等教育委员会从校长提名的三名教授(不论其是否为有关大学的工作人员)中选出,并经由正规程序任命。当任期届满时,院长可以被再次任命。

从学院的正式工作人员中,院长最多任命两位助理院长协助自己的工作。对于负责集中远程教育的大学,可以选择四名助理院长。

助理院长由院长任命,任期不得超过三年。

当院长缺席时,其中一位助理院长扮演代理院长的角色。如果这种情况持续六个月以上,就任命一位新的院长。

2.职务、权力和责任:

(1)担任教师委员会主席,执行教师委员会的决定,并确保教师队伍协调。

(2)若有要求,则在每学年结束时,向校长汇报教师的总体形势和工作情况。

(3)向校长办公室提出教师的预算和工作人员需求的理由,并考虑教师行政管理委员会关于预算的意见。

(4)对各级组成单位和人员进行监督管理。

(5)履行本法规定的其他职责。

院长直接对校长负责,合理利用和提高教师及其单位的教育潜力,必要时采取安全措施,为学生提供必要的社会服务,有序地实施教育计划、研究和出版活动,并对所有这些活动进行监督。

第十七条 教师委员会

1.教师委员会由院长主持。教师委员会由各部门负责人、附属于学院的研究生院和高等教育学院的负责人、学院教授中遴选出的三名教授(任期为三年)、两名副教授和一名助理教授[以与教授遴选相同的方式选出(任期为三年)]组成。

教师委员会通常在每学期开始和结束时开会。

院长认为有必要时,可以要求召开教师委员会会议。

2.教师委员会是一个有下列职责的学术机构:

(1)决定教师的教育项目、研究和出版活动及其主要原则、相关计划和项目以及学术日历。

(2)选举教师行政管理委员会成员。

(3)履行本法规定的其他职责。

第十八条　教师行政管理委员会

1.教师行政管理委员会由院长主持。教师行政管理委员会由三名教授、两名副教授和两名助理教授组成,他们全部由教师委员会选出,任期为三年。

教师行政管理委员会在院长的要求下召开会议。

必要时,行政管理委员会可以组织临时工作小组,或者指定教育项目的协调者,并对其职能进行调整。

2.教师行政管理委员会是协助院长进行管理活动的机构,其职责如下:

(1)协助院长执行教师委员会决议中规定的基本事项。

(2)确保学术计划和项目以及学术日历的实施。

(3)起草关于教师投资计划、项目和预算的提案。

(4)决定由院长提出的关于教师管理的所有问题。

(5)决定学生入学、课程等内容,解聘及其他与教育和考试有关的问题。

(6)履行本法规定的其他职责。

研究生院

第十九条　机构

1.研究生院的机构由研究生院主任、研究生院委员会和研究生院行政管理委员会构成。

2.根据学院院长的提名,研究生院主任由校长任命,任期为三年。直接附属在校长办公室的研究生院,负责人由校长直接任命。主任任期届满,可以再次任命。

主任将最多有两名助理,助理从研究生院全职教学人员中任命,任期为三年。

如果主任缺席或职位空缺,办事规程与院长缺席或职位空缺的情况一样。

在研究生院的框架内,主任履行本法赋予院长的职责。

3.研究生院委员会由主任主持召开会议,委员会由主任助理和研究生院各部门的负责人组成。

4.研究生院行政管理委员会由主任主持召开会议,研究生院行政管理委员会由主任助理和三名教学工作人员组成,教学人员由研究生院委员会从主任提名的六名候选人中选出,任期为三年。

5.在研究生院的框架内,研究生院委员会和研究生院行政管理委员会,面向教师委员会和教师行政管理委员会,履行本法规定的职责。

高等教育学院

第二十条　机构

1.高等教育学院的管理机构由高等教育学院主任、高等教育学院委员会和高等教育学院行政管理委员会构成。

2. 高等教育学院主任由各学院院长提名,由校长任命,任期为三年。附属于校长办公室的高等教育学院,主任由校长直接任命。主任任期届满,可以再次任命。

主任将最多有两名助理,助理从高等教育学院全职教学人员中任命,任期为三年。

如果主任缺席或职位空缺,办事规程与院长缺席或职位空缺的情况一样。

在高等教育学院的框架内,主任履行本法赋予院长的职责。

3. 高等教育学院委员会由主任主持召开会议,委员会由主任助理和高等教育学院各部门的负责人组成。

4. 高等教育学院行政管理委员会由主任主持召开会议,行政管理委员会由主任助理和三名教学工作人员组成,教学人员由高等教育学院委员会从主任提名的六名候选人中选出,任期为三年。

5. 在高等教育学院的框架内,高等教育学院委员会和高等教育学院行政管理委员会,面向教师委员会和教师行政管理委员会,履行本法规定的职责。

第二十一条　部门

在学院或高等教育学院,不能有超过一个部门从事相同或类似的教育。这个部门由该部门的主管部门管理。

部门的负责人从该部门的全职教授中任命,任期为三年;如果没有,就从副教授中任命;副教授中如果还没有,就从助理教授中任命。院长任命部门负责人,根据学院、附属于学院的高等教育学院的负责人提名;校长任命部门负责人,根据附属于校长办公室的高等教育学院的负责人提名。在任期结束时,部门负责人可再次任命。

部门负责人缺席的时候,指定一名教学工作人员作为自己的代理人。

如果持续缺席超过六个月,无论任何原因,新的负责人将按照上述程序任命,以完成剩余部分的工作。

部门负责人负责本部门内部各层次的教育和研究工作,负责部门内部各项活动的有序和高效运作。

第五部分　教职工

第二十二条　教学工作人员的职责

1. 根据本法的宗旨和目标,贯彻落实高等教育机构在学士学位前教育、学士学位教育和研究生教育(学士学位后教育)层次的教育和实践研究,并指导项目准备和研讨会。

2. 承担高等教育机构的科学和学术研究。

3. 根据有关部门负责人安排的项目,为学生的建议和指导留出一定的时间,根据需要帮助他们,并按照本法的宗旨和基本原则指导他们。

4. 履行授权机构指派的职责。

5. 履行本法规定的其他职责。

第二十三条　助理教授的任命

1.大学下设单位助理教授职位空缺,学校公开招聘并邀请适合岗位者参聘。在学院以及附属于学院的院系和组织中,在附属于学校的研究生院和高等教育学院中,主任委派三位教授或副教授为每一位候选人向上递交书面陈述。院长或主任依据相关行政管理委员会的意见,向校长呈报拟招聘的提名。任命由校长决定。

任何大学助理教授的任期不超过12年,每届任期为两年或三年。任命不是自动更新的。

2.助理教授聘任的先决条件:

(1)取得博士学位,或具有医学专业人员的身份,或精通美术的某些分支,这些分支由高等教育委员会根据大学校际董事会的推荐决定。

(2)通过外语考试,该考试将涵盖候选人主要领域150~200字的翻译,从土耳其语到外语、从外语到土耳其语,结果应使评审团的三名成员满意,评审团的其中一人是有关语言的教学工作人员。评审团由学院、研究生院、高等教育学院的行政管理委员会选出。

第二十四条　副教授考试

1.副教授考试每年由大学校际董事会举行一次。

具有下列资格的候选人,可在其决定之日起向大学校际董事会申请,提供必要的证件和出版物,并说明其主要学习领域、专业和研究领域。校际董事会根据学术人员晋升和聘任的规定,并考虑他们的主要领域,任命由三至五名成员组成的评审团。评审团的考试工作,为候选人提供口头或必要的实践和应用考试,并授予取得成功的候选人在相关科目中以副教授头衔。

2.为了参加副教授考试,必须具备以下条件:

(1)获得学士学位后,获得博士学位或医学专业资格,或精通美术的某些分支,这些分支由高等教育委员会根据大学校际董事会的推荐决定。

(2)已有原创性的研究和出版物。

(3)已经通过大学校际董事会准备的集中外语考试。

上述第(3)项所指的外语考试,不需要与候选人的主要分支领域有关。如果候选人的主要领域是一门外语,那么要进行另一种外语考试。

第二十五条　副教授的任命

1.当大学内有副教授职位空缺时,由校长办公室发布信息,说明该职位是全职还是兼职。如有候选人申请该职位,则校长指派三名教授去考核候选人,其中一名教授来自大学外,另一名教授是相关单位的管理人员。这些教授将各自的观点分别传递给各候选人。根据这些意见和大学行政管理委员会的意见,校长做出任命。

2.聘任副教授的要求:获得副教授头衔。

第二十六条　教授的晋升和聘任

1.晋升为教授必须：

(1)获得副教授职称后,在相关研究领域工作五年。

(2)完成了实际应用研究,并发表了一份国际标准的原创性研究报告。

(3)被任命为教授职位的工作人员。

上述第(2)项所述的出版物之一被指定为主要研究成果。

2.委任教授职位：

(1)具有上述资格的副教授,以及在另一所大学至少有两年服务经历的教授,可被任命为教授候补职位。

(2)在大学教授职位空缺的情况下,校长们发布大学的空缺职位信息,详细介绍研究领域和所需要的特殊资格。

(3)至少有五位教授,其中至少三位教授来自校外,由校长指派来评估申请人。校长向大学行政管理委员会提交各有关教授候选人的个别评估报告。根据高等教育机构行政管理委员会的决定和对这些报告的审议,校长委任教授职位。

第二十七条　国外获得的副教授头衔

那些获得博士学位或在医学领域取得专业人员资格后,在外国获得副教授头衔的人,可以向大学校际董事会申请确认其职称的有效性,前提是提供他们以副教授职称在高等教育机构或外国的研究中心工作至少两年的情况介绍。为了让学术头衔获得等同价值,大学校际董事会必须承认外国高等教育机构,候选人在该机构中的工作标准与土耳其的这些机构的标准相当。

第二十八条　国外获得的教授头衔

获得博士学位,或在医学领域取得专业资格,或曾在美术领域工作过一段时间后,在外国获得教授头衔的人,可以向大学校际董事会申请确认其职称的有效性,前提是提供他们以教授职称在高等教育机构或外国的研究中心工作至少两年的情况介绍。为了让学术头衔获得同等价值,大学校际董事会必须承认外国高等教育机构,候选人在该机构中的工作标准与土耳其的这些机构的标准相当。

第二十九条　头衔的保留

教学工作人员不得被剥夺取得的学术职务,除依照本法规定外。

那些离开教学行业的人,因此而改变工作,退休或辞职,或被认为已经这样做了,可以保留他们的学术头衔。如果持有者在被授予学术头衔后,已经完成高等教育机构的工作至少两年,教授、副教授和助理教授的头衔只能在高等教育机构以外的工作场所使用。

第三十条　退休年龄

教学工作人员最迟在67岁退休。

第三十一条 教员

教员可以在大学和附属单位中以全职或按小时计算的形式被任用去教授课程,或指导没有根据本法任命教学工作人员教授的应用实践研究课程,或指导特别专业化的课程,教员来自在经验和工作上被认定为专业人员的个体。教员可以在教师行政管理委员会和校长或院系领导、校长办公室附属部门领导的提议下,被任命为教学工作人员、辅助人员或讲师。教员也可以按兼职(按小时计算)或合同的方式被任命。教员可以被任命去担任教学工作人员职位,时间最长为两年。如果任期届满,没有教学工作人员申请该职位,并且该机构认为适当,则这些教员可以以同样的方式重新被任命。这种任命不会自动更新。在必要的时候,音乐学院和高等教育学院可以根据规定任命教员。

第三十二条 讲师

校长可以根据院长的建议任命讲师。如果是学院的院系和附属机构、附属于校长办公室的研究生院或高等教育学院,校长可以根据这些机构负责人的建议任命讲师。讲师可以被任命为兼职的或全职的。重新任命也需按照最初的程序进行。

辅助人员

第三十三条 研究助理、专业人员、翻译员和教育规划人员

1. 研究助理作为辅助人员,协助高等教育机构的研究、学习和实验,以及执行管理机构分配的其他职责。校长根据有关部门负责人的建议,经部门负责人、院长、研究生院和高等教育学院或音乐学院院长批准后,任命研究助理。研究助理任期最长为三年,任期届满,任命自动终止。

高等教育委员会制定相关研究助理的标准,研究助理将被派往国外进行研究生学习,第一次被任命为研究助理的人员也将被派往国外进行研究生学习。

以上所述的有关聘任期限的规定,不适用于派往国外进行研究生学习的研究助理。这些研究助理的学费、差旅费和其他相关支出,由有关大学人员支出的专项资金支付。研究助理在出国留学期间,任命有效保留,其月工资是相关机构所支付的净工资的60%[除了获得奖学金(一年后)和那些自己获得奖学金的人,以及获得无薪休假的人]。由所属机构派出的研究助理也将获得规定的工资,根据关于学生被送往国外学习的第1416号法律,所获工资数量相当于给同一国家学生支付的金额。如果奖学金持有者的奖学金金额低于这个数额,那么差额由他们所属的机构支付。作为开始学习的先决条件,学费和课程费用也由他们所属的机构支付。每年的3月和9月,他们还会获得两份相等的补充款项(相当于他们每月的报酬),以支付教科书、文具和其他教育费用。

2. 专业人员作为辅助人员,在特定的时间内直接或间接地从事指导或协助实验室工作,或在需要特殊技能或专业知识的图书馆工作。

3. 翻译员是在特定时期内从事口头或书面翻译工作的辅助人员。

4. 教育规划人员是负责高等教育机构教育教学规划的辅助人员。

5.专业人员、翻译员和教育规划人员的任命由大学校长根据各学院院长、研究生院或高等教育学院的院长的建议任命。院长和校长在采纳建议前,必须咨询各自的行政管理委员会。这种任命期限最长为两年,并且期满自动终止。重新任命可以按照相同的程序进行。第三次任命后,可以安排全职任命。

第三十四条 外国教学工作人员

外籍教师要在高等教育机构得到临时聘用,由校长依照大学行政管理委员会的推荐和相关学院、研究生院和高等教育学院的行政管理委员会的建议任命。本法关于永久性教学工作人员教学职责的规定,也适用于任命的外籍教师。

外籍教师的任命要经土耳其内政部(Ministry of Interior,以下简称内政部)批准,需要内阁做出决定,不受第657号《公务员法》的约束。内政部将在两个月内答复,外籍教师根据合同聘用。

第三十五条 教职工培训

为了满足自身需要和那些新建或即将建立的高等教育机构的需要,高等教育机构根据发展规划的原则和目标以及高等教育委员会确立的需要和原则,负责自身教职工国内外的培训。

分配给研究助理的职位可以由高等教育委员会临时转移到其他大学,目的是培训教师,以便他们进行研究或博士研究。那些获得博士学位、医学专业化或以这种方式精通艺术的人,将在完成学业后返回自己的大学。在这个事件中,工作人员的职位将被重新分配给研究助理的大学。

在土耳其或国外受训的教职工,必须按照一般的规定对所属机构履行义务服务。不执行义务服务者,不被高等教育机构任用。专门法律规定的义务服务形式不包括本规定。

第六部分 活动和监督

第三十六条 工作原则

1.教授和副教授分为两类:一类是永久聘用的大学全职人员,另一类是大学兼职人员。

(1)大学全职人员

这类教授和副教授把所有的工作时间花在与大学相关的活动上。

这类教授和副教授不得在高等教育机构以外从事任何形式的任何工作,有偿或无偿的、公务或私人的工作,专门法律规定的专门职务和特许权使用金除外。

这类教授和副教授在公共机构、以服务公众利益为目的的组织以及大学行政管理委员会同意合作的组织工作,都被视为在大学内开展工作。

所有因这类工作而支付的款项都将作为收入,纳入教授或副教授聘任组织的基金。

(2)大学兼职人员

这些教授和副教授任期为两年,每周至少有 20 小时在大学。这些人要在部门负责人的指导下承担教学职责、实际工作和研究工作。大学兼职人员:

不接受补充工资或任何形式的增额,也不可能从循环基金的收益中获益。

不能作为校长、院长、研究生院和高等教育学院的院长或部门负责人,也不能成为这些人的副手。但是,在公务员的工作时间内,可以担任研究生院主任、系主任或科长。

可以到国外去进一步学习知识,开展研究工作,参加任何学术活动,但是其费用不由预算或大学经费支付。

对在两年后仍然需要服务的人,按照与原任命相同的程序任命。如果相关部门有空缺,可以根据本法的规定,任命希望被永久聘用的人。

2.助理教授只能在大学和附属单位中被永久聘用。

3.教学工作人员,永久聘任人员和受薪的辅助人员,履行大学机关赋予的教学、研究、实用、管理工作等职责。这些人的最低工作时间将与公务员的工作时间相对应。

4.要承担实际工作、研讨会和博士学位工作,由高等教育委员会根据每周最少十小时的教学时间计算出来,相关决定由教学工作人员执行或监督。

5.大学及其附属机构的教员和讲师每周的教学工作,由高等教育委员会决定,每周至少 12 个小时。

6.教职工的工作由部门主管、研究生院和高等教育学院的负责人、院长和校长进行监督。

7.校长、院长、研究生院和高等教育学院的负责人,免除每周的教学负荷要求。副校长、助理院长、研究生院和高等教育学院的副院长、部门负责人的每周教学工作量是上述规定的一半。

第三十七条 大学的实际贡献

高等教育机构以外的个人或组织,对科学和学术专长、工程项目、研究和类似服务,以及医学检查和治疗病人,实验室检测及其相关研究,大学或地方服务的要求,可以按照大学执行委员会制定的原则执行。这些服务获得的所有报酬均作为相关高等教育机构或其附属机构的收入进入周转基金。

第三十八条 公共组织的任务

根据有关机构的要求和有关人员的意愿,经有关大学执行委员会、院长和高等教育委员会批准,教职工不会丧失其所获得的权利,并且仍然从自己的机构中受益,可以暂时分配到任何这样的机构或组织,如土耳其的政府部门、武装部队、科学技术研究委员会、法医学中心、原子能机构、土耳其武装力量发展基地、公共利益机构、基金会、研究和发展中心以及其他公共机构。以这种方式被分配的人员(除了法医医学中心、基金会医院、健康中心和移动卫生设施),不能从周转基金中受益,但是可继续从他们所附属的高等教育机构获得他们每个月的工资和其他报酬,并保留所有相关的权利。

根据有关司法部门的要求,经高等教育委员会批准,在法医学法规框架内,高等教育机构或附属单位的学术人员,可以在法医医学案件和其他法律事务中充当专业人员证人。

第三十九条　国内外任务

不从其机构要求任何旅行费的教职工,希望参加土耳其或国外的会议、研讨会或类似学术会议,或承担或进行一个涉及旅游的研究项目,由院长或研究生院或高等教育学院的院长批准休假一周,和相关大学校长批准休假十五日。当涉及超过十五日的时间和旅行费用时,或者由研究项目产生的费用,由学校或其附属单位的预算支付,或者由周转基金支付,必须经有关行政管理委员会决议和校长同意。

差旅费按照一般规定确定,相当于同等地位的公务员的费用。短期内的差旅费由有关机构或所属机构或其他机构支付。

根据大学行政管理委员会的决定,经国家教育部批准,受土耳其共和国高等教育机构或有关团体不超过三年的正式邀请,在此期间,教职工可获准许离职,工资照发,并保留所有权利。

第四十条　国际合作

1.高等教育机构的教职工或辅助人员的教学工作量若低于规定的教学工作量,则校长可以将其指派到所在大学的其他部门或同一城市的其他高等教育机构任教。只有当每周的教学负荷超过时,这些人才会有资格分配机构付给的额外款项。

2.教学工作人员在需要提供帮助的大学,可能要承担教学任务。经院长批准,如果双方和各自的行政管理委员会同意,就将由高等教育委员会指定一学年的最短期限。教学工作人员为其职务工作时间为五年。当一个空缺职位被填满时,将会优先考虑其他所有条件相同的候选人,他们在这个国家的一个发展中地区的高等教育机构任职至少五年。

3.土耳其武装部队和安全部队高等教育机构对教学工作人员的需求,应当从同一城市高等教育机构选中的工作人员获取,不受本法的保护。办事程序与本条第1款的规定相同。

第四十一条　教学人员满足需要的程序

在本法的规定范围内,高等教育委员会应当确定国家高等教育机构各学科教学人员的需要,以及哪些机构应满足这些需要,并应将这一决定传达给有关大学,满足这些需要。在收到这些名单的两周内,有关大学的校长应通知高等教育委员会以此目的而被指派的教学工作人员。这样的任务最短为一个学期,最长为四个学期。在这种情况下,有关工作人员的教学人员职位在所属机构中保留。

本条或第四十条第2款规定的任务应当在公务员关于通知、离职、任务期限和开始日期的规定之内。

根据本条或第四十条第2款规定的任务,应将任务期限作为有关书面决定的一部分。所委派人员的薪金、补助费和差旅费由大学支付。

本条款或第四十条第2款规定的任务,只要教学人员未在法律规定的期限内就职新职位,按照正式通知将被认为已经辞职,并且不允许被重新任命到高等教育机构或在公共机构工作。

第四十二条　校内的学术监督

1. 教职工的学术监督包括与教育、研究、出版、研讨会、临床和实际工作有关的活动。

2. 在每学年结束时,部门主任向各自的院长提交一份报告,汇报上一年度部门的教育和研究活动,以及下一年的工作计划。院长补充自己的意见,并把报告发给校长。校长评估报告本身以及院长的意见,采取必要的措施,并通知高等教育委员会存在的不足。研究生院或高等教育学院的负责人,将其报告发给主管的校长或院长。

3. 每一位教职工应经由其所属单位的管理者向校务处递交一份清单,该清单显示自己的学术研究、出版物、教授课程、组织过的研讨会、实践工作以及在学术会议上发表的每一份论文的副本,无论是在国内还是在国外。如果论文未发表,应将一份打印稿提交给校务处。第5846号版权法授予的权利保留。

第七部分　教育与学生

第四十三条　学士学位教育

收取费用的高等教育,按照本法规定的宗旨和基本原则组织如下:

1. 根据个别单位的特殊教育指导方针,以及高等教育机构内部根据这些教育项目颁发的文凭,应在各大学准备的有关教育和考试的规定中注明。

2. 在大学里,教育在同一领域或同一学科的分支中进行,高等教育委员会在校际董事会的建议下,规范各学年的教育、方法、范围、教学期限和评价原则,以期建立一个统一的学位授予标准以及统一的权利和特权。至于教师培训单位,这一程序将与教育部合作执行。

3. 高等教育机构可以使用任何类型的教育方法:正规的、非正规的和开放的。

第四十四条　教育时限

两年制学士学位前课程的完成时间最长为四年,四年制学士学位课程则为七年。对于通常需要五年和六年的课程,最大期限分别为八年和九年。但是,在这一时期结束时,所有课程都不及格的毕业生将有权参加两次另外的考试,其中一次是补考,以便他们能够毕业。经过这些考试之后仍有最多五门课程不及格者,允许在三个学期内参加这五门课程的考试。五门课程不及格的学生,如果不参加额外的考试,将获得额外的四个学期通过考试(或者是在本校两学年的学习时间,而不是一个学期的学习)。除了吉伊尔汉医学军事学院,学生有三门或更少课程不及格,有权参加不限次数的考试。那些通过了毕业要求的所有课程的学生,但其平均分数低于毕业的最低要求,将不会被要求离校,在最后一个学期,有权在最后两年的课程中选择两门进行不限次数的考试,以提高其平均成绩。除了课程需要实践和尚未参加的课程以外,参加考试不应成为及格的先决条件。连续三年或非连续学年不参加任何额外考试的学生,将被视为丧失参加无限次数考试的权利,因而不能从中受益。那些受益于此权利的学生必须继续支付学费,但除了考试的权利外,学生不能从任何权利中受益。参加开放教育课程的学生不受时间限制,同时不能从这种学生权利中受益。

对于符合出勤要求但由于未能履行本条规定的期中和期末考试而被劝退的学生以及最多一门课程不合格的预备年级学生、一年级学生,最多三门课程不合格的二年级、三年级学生,将给予他们额外的三次考试。那些因平均绩点不足而失去一年学习机会的学生,包括那些预备年级的学生以及第二、三年的学生,由他们自己选择三门课程,给予一次额外考试的权利。被授予参加考试权利的学生,应当在每学年开始的时候向有关机构申请,不需考虑考试是期中还是期末。通过了他们选择的所有课程的学生,根据这些考试的结果,从其所在的位置继续自己的教育。计算学生的最多学习时间时,不考虑学生参加考试的时间。参加此类考试的学生不能从任何学生权利中受益。

大学的学位授予机构确定学士学位前教育和学士学位教育的相关要求,并制定关于考勤、期中考试的数量和分量、实习、考试和补考的相关规定。

授予学士学位前对完成或尚未完成学士学位课程的人,或转到高等职业教育学校的人,按照高等教育委员会的法规执行。

第四十五条 高等教育入学

1.学生经高等教育委员会规定的考试进入高等教育机构。在对考试成绩的评价中,考虑学生在中学阶段的表现。给中等学校的一流毕业生分配名额,将考虑学生的兴趣和入学考试分数。

高等教育机构选择学生,根据中等教育的表现来计算辅助分数,计算方式由学生选拔与安置中心决定,辅助成绩计入入学考试成绩中。

毕业于专业或职业导向型中学(公立中等学校),申请同一地区的本科课程,也要有由某个换算系数决定的入学考试成绩。

2.在某些艺术领域展示杰出才能的学生,根据高等教育委员会确定的遴选程序,可以被录用为相同艺术领域的本科生。

第四十六条 费用

考虑各学科研究的特点和持续时间,以及个别高等教育机构的性质,高等教育学院每名学生每年支付给高等教育机构的费用,由高等教育委员会确定并公布。由国家每年支付的那部分费用由部长委员会决定,按每个学生的标准预算分给有关机构。其余部分费用由学生支付。国家支付的部分最低为50%。

最迟在每年7月,部长委员会考虑到不同的地理区域,以及向外国学生收取的费用,决定由国家和学生自己支付的数额,并确定有关支付此类费用的相关规定。

贷款由高等教育贷款和宿舍委员会授予有财务困难的学生,以支付学生的部分学费。

除了预科和外语发展项目外,国家继续支持不能在两年内完成学士学位前课程的学生,或在规定的时间内,四年、五年或六年,不能完成学士学位后课程的学生。第一年学生部分增加 50%,接下来的几年学生部分增加 100%。支付给参加第二个学士学位课程的学生的费用是普通学生的两倍。

对于不支付学生部分费用的人,注册程序不会完成或更新。

学生支付的学费、学生设施和活动以及高等教育机构提供的教材的收入,其余资金收入,存入国家银行开立的账户。预算办公室和财政部将被告知这笔收入。以这种方式收集的资金主要用于资助学生的膳食、健康、体育、文化和其他社会服务,以及大学的运营费用,与发展计划和项目有关的投资、货币转移,以及支付给临时兼职的学生。这些资金的使用和支出的管理规定,由高等教育委员会根据财政部的建议决定。

这类基金的支出,以及与之相关的会计和监督活动,都要遵守循环基金条例,并由该大学指定的会计师执行。

在指定年份内未使用的资金转移到下一年的预算中。

根据第 6183 号法律规定,按照国家规定缴纳的款项,贷款未偿还的债务,支付给高等教育贷款和宿舍委员会。

第四十七条 社会服务

1. 按照高等教育委员会的计划和项目,高等教育机构将对学生的身心健康采取必要措施;满足他们对营养、学习、休闲、利用休闲时间之类的社会需求;考虑到这一目标,并在预算范围内,开放阅览室、住院医疗中心设施、社会医疗中心、学生食堂和餐馆;提供电影院、剧场厅、户外露营场地、体育馆和运动场。

2. 高等教育机构在公共和私人组织的合作下,帮助毕业生找到工作。

3. 大学要建立指导和心理咨询中心,努力解决学生的个人和家庭问题。

4. 由公共机构资助并获得奖学金的学生,在大学学习的学科的数量和分布,应当考虑到人力需求和培养教职工的需要。获得奖学金学生的费用以及他们的实验室、考试和文凭费用都包括在奖学金中。

第四十八条 教科书和其他教材的印刷

在大学里,教科书和教材由大学自己印制,并以不超过印刷成本的价格卖给学生。教职工不得自行印制教材。如果被机构的管理委员会书面通知,本学年接受印刷的书籍不能在大学内印刷,那么教师有权自己印刷。

由高等教育委员会决定实施条例和教科书及教材出版物的版税。

第四十九条 外语预备学习

高等教育机构用一种外语进行部分或全部的教育,运用教学媒体进行水平考试。根据高等教育委员会制定的原则,在外语考试中不合格的学生,将被给予为期一年的预备课程。这门语言课程中不及格的学生将被退课。

在正常的教育过程中,将尽一切努力确保学生继续提高其对外语的了解程度。

第五十条　研究生教育的程序和要求

1.高等教育机构应当根据大学校际董事会确定的原则进行考试,选出希望攻读硕士或博士学位,或在医学领域进行专门研究的大学毕业生。

2.高等教育机构编制必要的计划,采取必要措施,满足研究生学习的需要。

3.接受研究生教育的学生可以获得奖学金,也可以被任命为一年制的辅助工作人员。

4.决定向从事医学专业的人员发放工资或报酬,薪金和报酬由卫生部予以考虑。

第八部分　管理人员和其他雇员

第五十一条　管理机构

1.一位秘书长被任命为中央行政主管,在高等教育管理机构对主席和大学校长负责。此外,还将有必要数量的办公室主任、董事、顾问、法律顾问、专业人员、文书工作人员和服务人员,这些人适用于第657号《公务员法》。

根据高等教育管理机构委员会和大学行政管理委员会的决定,各部门董事和董事会按照一般规定设立。

2.每一个学院要有一名教学秘书和学院行政负责人,他们对院长负责。同样,在研究生院和高等教育学院,也要有一名研究生院秘书和一名高等教育学院秘书,他们对研究生院或高等教育主任负责。也要聘用必要数量的行政和办公人员。经院长或主任的批准,他们之间的劳动分工由秘书确定。

3.秘书长和秘书依照执行报告的规定行使职权。

第五十二条　任命程序

1.学生选拔与安置中心主任、秘书长、科长、法律顾问和专业人员,经高等教育管理机构有关委员会推荐,由高等教育委员会主席任命;在大学里,经大学行政管理委员会推荐,由校长任命。与此类似,经相关院长和主任推荐,学院、研究生院和高等教育学院的秘书由校长任命。

2.管理机构和大学的秘书长必须是大学毕业生,而学院、研究生院和高等教育学院的秘书必须有高等教育文凭。

3.办公室人员由学院和相关单位的院长,直接附属于校长办公室的机构的负责人,以及高等教育管理机构的主席或校长任命,大学中心行政管理部门的办公室人员须由秘书长推荐,并考虑适当的职位空缺。

4.高等教育管理机构、校长办公室、校长直属单位的服务人员,由主席或校长根据秘书长的推荐任命;学院及其附属单位的服务人员,由院长根据学院秘书的推荐任命;研究生院和高等教育学院的服务人员,由负责人根据秘书的推荐任命。

5.无论是永久的还是临时的,高等教育管理机构和大学行政管理人员的职务,分别由高等教育管理机构的主席和大学校长决定,然后汇报给有关行政当局。

6. 高等教育管理机构和大学的行政人员和其他人员,可以由高等教育委员会主席,根据高等教育管理机构的秘书长和大学校长的推荐,任命或调任到其他公共组织或其他高等教育管理单位和高等教育机构。

第九部分　纪律和处罚程序

第五十三条　总则

1. 高等教育委员会主席是高等教育委员会和大学校长的纪委主任;类似的,大学校长是大学的纪委主任,院长是学院的纪委主任,研究生院和高等教育学院的负责人是研究生院和高等教育学院的纪委主任,秘书长或秘书是相关办公室人员的纪委主任。大学行政管理委员会及其附属职能单位的行政管理委员会,同时扮演纪委的角色。当教授有问题时,副教授和助理教授不能参加纪委的会议;当副教授有问题时,助理教授也不能参加纪委的会议。

2. 涉及教职工、行政人员及其他人员,以及纪律监督人员的责任,纪律处分程序由高等教育委员会根据适用于公务员的程序和原则决定。

3. 处罚调查程序

高等教育管理机构的主席或成员、高等教育机构行政管理人员、全职或兼职教员和人员犯罪行为的指控适用于第657号《公务员法》,被指控为因为履行其职责而造成恶果应适用下列规定:

(1)初步调查

调查由至少三名高等教育委员会成员组成的委员会在国家教育部部长主持的会议上进行,高等教育委员会主席本人是调查对象时不能参加会议。如果是其他情况,则由高等教育委员会或其他纪律监督人员进行调查,也可直接委托给调查人员进行调查,其人数由他们自己决定。

被指派调查另一位教职工的教职工,必须与被调查对象级别相同,或比被调查对象级别更高。

(2)最终调查是否进行的决定取决于:

高等教育委员会的主席或成员、高等教育监事会成员;

高等教育委员会成员组成的三人委员会、大学校长、副校长或管理机构秘书长;

校长主持和任命的由副校长组成的三人委员会,大学行政管理委员会的成员,学院、研究生院或高等教育学院的院长和院长助理、负责人和负责人助理,或大学秘书长;

大学行政管理委员会成员组成的三人委员会、教职工以及学院、研究生院或高等教育学院的秘书;

地方、省行政管理委员会,依照第657号《公务员法》规定的其他工作人员;

由高等教育委员会或大学行政管理委员会设立的调查委员会的常务委员和候补委员,任期为一年。任命是可以更新的。

(3)机构全体人员出席,举行一次会议,决定是否举行最后的调查。已进行初步调查或已做出决定的成员,不得参加此类会议。未出席的人员将被替换。本法第六十一条的规定适用于相关的其他事项。

(4)高等教育委员会和高等教育监事会成员,对不参加人员授权启动刑事诉讼以及关于驳回起诉的决定提出异议,由国务院行政事务委员会自动审查并决定。对其他机构决定的异议,包括授权启动刑事诉讼以及撤销指控的决定,由国家委员会第二局自动审查并决定。对于高等教育委员会和高等教育监事会的主席和成员来说,如果发起刑事诉讼的决定被维持,审判将由最高法院的相关刑事部门进行,上诉程序由全体刑事审判委员会处理。对其他所有人来说,审判由当地法院在犯罪的地方进行。

(5)对于由不同身份的人共同犯下的犯罪案件,侦查程序以及审判权力要根据嫌疑人的最高地位来确定。

(6)第1069号法关于政府起诉和审判公务员及其共同被告的有关某些重罪的程序,适用于高等教育委员会主席和校长的刑事调查,调查按照上述程序进行。其他所有的都应按照上述第1609号法办理。

高等教育委员会成员、高等教育监事会主席和成员和这些机构的行政管理人员(包括大学校际董事会的行政管理人员)提起法律诉讼许可,由高等教育委员会主席批准,而大学行政管理人员、教学人员和公务员由大学校长授予。

(7)在下列情况下,所述的程序不适用,但调查由公诉人执行:

意识形态的犯罪,旨在废除宪法规定的基本权利和自由,废除不可分割的国家统一以及国家和人民的统一,根据语言、种族、阶级、宗教、教派等的歧视,废除共和国(其特征已在宪法中表明),以及有关犯罪;直接或者间接涉及限制学习和教学自由的犯罪;妨碍机构和平与秩序的犯罪;抵制、侵占、妨碍、鼓励或挑衅以及被当场抓获的重大犯罪需要严厉处罚。

(8)本法未规定的事项,应当依照1923年2月4日《公务员审判法》的规定办理。

第五十四条 学生纪律程序

1.行为违规或不符合高等教育学生人格和尊严;直接或间接地限制学习和教学的自由;违反机构的和平与秩序;参加抵制、占有和障碍等活动;鼓励和煽动这种行为;侵犯高等教育机构人员的人身、荣誉和尊严;行为无礼;参加无政府主义或意识形态活动,或鼓励和煽动此类行为。有上述行为的学生将受到惩罚,包括警告、训斥,或休学一星期至一个月或一两个学期,或被驱逐出高等教育机构,尽管这种行为涉及一种犯罪行为。

2.学院院长、研究生院或高等教育学院的负责人,有权调查学院、研究生院或高等教育学院学生的违纪行为,并直接向纪律委员会提出适当的处罚,或将案件提交给纪律委员会。

3.纪律调查程序将在事故发生后立即开始,调查将在15日内结束。

4.正在接受调查的学生有口头或书面辩护的权利。在规定的期限内不做辩护的学生,被认为放弃了该权利。

5.纪律处分以书面形式通知学生。纪律处分报告应当通知给学生奖学金资助的组织,也报告给高等教育委员会。学生有权在15日内向大学行政管理委员会提出申诉,要求对高等教育机构的开除做出复议决定。处罚结果应当记入学生档案登入学生的官方记录。

6.按照本条规定执行的程序,如有必要,可以在学生所在的高等教育机构公开向学生发出通知。

7.从高等教育机构开除一名学生的决定,要向所有高等教育机构、高等教育委员会、安全部门和有关的征兵办公室报告。因纪律原因被开除出高等教育机构的学生,没有资格进入任何其他高等教育机构。

第十部分 财务规定

第五十五条 收入来源

高等教育管理机构、其他高等教育机构及其附属单位的收入来源:

1.年度预算分配;

2.机构的援助;

3.收取的学费和付款;

4.出版物和销售的收入;

5.动产和不动产的收入;

6.企业循环基金的利润;

7.捐款、遗赠和杂物。

第五十六条 财务机构

1.对高等教育机构和附属于高等教育机构的捐赠和遗赠,免征税收和费用。捐赠和遗赠应当充分符合条件,并遵守捐赠人和一般法律的规定。

2.大学和高等科技机构同样从向其他公共机构授予的豁免和其他金融设施中受益。

以所得税和企业所得税为单位向高等学校缴纳的现金捐赠,应当从各自的收入中扣除。

3.高等教育管理机构、其他高等教育机构及其附属单位以教育和研究为目的而进口的机器、工具和仪器、设备、药品、材料及出版物免征邮费、关税和消费税,条件是:这些货物在国内难以获取或不能制造;同样的,作为捐赠的同类货物也免征相同的税款和关税。

4.如果根据大学校长和管理机构主席的判断,若起诉不利于机构的利益发展,有权放弃相关机构的索赔,其中包括100万土耳其里拉。对于超过100万土耳其里拉的数额,如果是管理机构,就必须在总统的申请下获得财政部的授权;如果是大学,就需要考虑政府部门的建议。

5. 大学、院系、研究生院、高等院校、音乐学校、高等教育职业学校和机构及其所在单位进行的学术、科学、技术研究和出版所需支出的费用,不受公共法第2490号拍卖、投标和合同授予规定的约束。

6. 大学不承担公共法第1050号中第135条关于公共会计管理的规定以及公共法第2490号中关于建筑施工、设备购置以及各种设备和维护的拍卖、投标和决标的规定的责任。

7. 根据大学校长的建议和高等教育委员会的提议,某所大学的预算拨款可以转移到另一所大学的预算。

第五十七条　伊塔阿米里(Ita Amiri)[①]财务监督

高等教育管理机构和其他高等教育机构预算的编制、实施和监督,根据适用于一般和附属预算的规定执行。

高等教育管理机构的主席和大学校长是伊塔阿米里。当被认为有必要和在适当的时候,这个权力可以被授予副校长、院长、研究生院和高等教育学院的负责人、管理机构附属单位的主席以及管理机构和大学的秘书长。

第五十八条　循环基金和研究基金

1. 循环基金

经高等教育委员会批准,根据相关董事会的建议,管理机构可以设立循环基金企业;根据有关行政管理委员会的建议和校长的推荐,经高等教育委员会的批准,大学及其附属学院、研究生院、高等教育学院、音乐学院、研究中心,可以设立循环基金企业。初始资金的数额在预算中注明。这一数额可以通过增加自己的收入来增加,也可以通过高等教育管理机构的高等教育委员会的决定来增加。在大学里,这要根据有关行政管理委员会的建议,经校长批准才可以办理。

循环基金企业的活动范围、资金限额、管理程序、管理原则、相关管理的行政程序、会计程序,按照高等教育委员会设立的原则和财政部的建议,在《循环基金条例》中规定。

循环基金企业不受国家一般会计和审计的第1050号法,或者拍卖、投标和决标的第2490号法之规定的约束。从循环基金获得的收入,以及每年的未使用资金,都被添加到下一个财政年度的循环基金中。资产负债表及其补充,连同所有的收入支出文件,在本会计年度结束后的4个月内准备好,提交给政府会计局,并在同一时期内将副本寄给财政部。

由各单位(教学、研究、实践)教学人员的贡献所建立的循环基金的收入中至少有30%增加到循环基金,被分配给该特定部门的各种需要,包括材料、设备、研究项目等。

---

① 土耳其语,伊塔阿米里(Ita Amiri)意思是有权从预算或机构的任何财政来源支付资金的人。

根据大学行政管理委员会规定的比例,按照公务员第657号法的规定,剩下部分分配给相关的教学人员和行政人员。由大学校际董事会提议并经高等教育委员会批准的单位教职工和教学人员,每年从循环基金获得的总报酬不可超过他们从大学获得的总收入的两倍,包括他们的工资(包括补充系数和所有其他补充支付)。其他教职工从循环基金获得的总报酬不得超过其从大学所获得的全部收入总和(包括全部收入)。根据公务员法第657号,行政管理人员不得超过从循环基金中获得的报酬的50%。但是,教学工作人员在正常工作时间之外因对贡献循环基金而获得的份额不受该限制。

2.研究基金

根据高等教育委员会的决定,利用有关大学的所有循环基金的收入,可以在大学里设立附属于校长办公室的研究基金。这些基金的收入包括:

(1)根据上述规定,从循环基金中拨出款项;

(2)没有教学工作人员直接或间接贡献的全部循环基金的收入;

(3)大学预算的研究拨款;

(4)上一年研究基金的剩余金额;

(5)捐款、援助及其他收入。

关于基金使用和管理的规定由高等教育委员会决定。高等教育委员会选择和安置基金的程序和原则,适用于会计程序及其他财务事项。

第十一部分　其他规定

第五十九条　政党的成员和任职

高等教育机构的教职工可以是政党的成员。在履行所在机构的职责并在一个月内通知所属机构的前提下,可以在各政党中央机关及其研究和咨询单位任职。然而,这样的教职工不能担任高等教育委员会或高等教育监事会的成员,不能担任校长、院长、研究生院和高等教育学院的负责人,或作为部门负责人,或作为他们的代表。

高等教育机构的学生可以是政党成员。

教职工和学生作为政党成员,不能在高等教育机构内从事党的活动。

第六十条　高等教育机构的重新任命

1.已经离开高等教育机构,被任命到部长会议就职或选举为立法机关的工作人员,可以按照本法的规定,重新任命到高等教育机构工作。该段任职时间计入其高等教育机构岗位工作年限内,其重新任职不需要设立单独的岗位。

2.高等教育机构的教学人员,除非根据法院命令或纪律程序开除,否则可以按照本法的规定重新任命,不需要空缺的工作人员职位。

3.被选为高等教育委员会主席或成员的人,以及在高等教育机构或公共机构任职期间被选为校长或院长的人,完成任期后没有再被重新任命,应该被重新任命到他们的机构。

第六十一条 投票

在本法所称的所有陪审团和委员会中,每一位成员都将对议案投赞成票或反对票;没有人可以投弃权票。除高等教育委员会外,任何理事会的会议都是法定人数是绝对多数。

所有的决定都应通过参与者投票决定。

当第三轮投票结果并非绝对多数结果时,在第四轮实行大多数选票的原则。

第六十二条 个人的权利

关于大学教职工、管理机构的管理人员和大学其他工作人员的个人权利,适用于本法的规定。在本法未规定的情况下,适用《大学人事法》;如果《大学人事法》也没有涉及该事项,则适用于一般规定。

第六十三条 人事记录

高等教育机构和管理机构工作的教职工、行政人员和其他工作人员的人事记录,以及学生的记录,按照一般规定和高等教育委员会制定的法规予以保留。关于任命、晋升、学术头衔和其他人事事项,这些记录被认为是有效的。

第六十四条 休假

当高等教育机构不上课时,教职工通常会休年假。高等教育机构的教职工、管理机构人员和行政工作人员的其他休假制度,适用于《公务员法》第657号的规定。

校长由高等教育委员会主席给予休假许可,其他管理者则由权力机构直接负责。

所有在高等教育机构和管理机构工作的人员,经主管纪律的长官许可,可以自行休假。

第六十五条 规章

1.下列事项由高等教育委员会制定的规章确定:

(1)有关本组织的事项、高等教育委员会的工作程序及其成员的选择、管辖范围内的选举和任命程序;

(2)事项形成、运行、监督和高等教育监事会的程序和原则;

(3)与组织、职能和职责有关的原则,学生选择和安置中心对学生选择和安置的程序,以及从候选人处获得的注册和考试费用以及基金使用而产生的结果;

(4)高等教育机构依据本法制定聘任助理教授、副教授和教授的程序;

(5)关于教职工培训的原则;

(6)关于每周教学负荷的原则;

(7)关于学费收取程序的原则,包括外国学生的学费;

(8)关于教材印刷以及版税的原则;

(9)关于教职工、行政人员及其他人员、学生的纪律处分原则,以及纪律委员会的权力、纪律委员会的形成及运作的原则;

(10)关于科学和技术研究所产生的各种支出、高等教育机构及其附属单位的研究和出版物以及施工、机械、设备以及维修保养的原则和程序;

(11)关于教职工、行政人员和其他人员、学生的正式记录事项;

(12)考虑到由基金会建立的高等教育机构所处理的教育领域以及关于建筑物、设施、设备、教育、管理员和其他学术问题的事项;

(13)关于任用和调任的原则和与本法实施有关的其他事项。

2.下列事项由校际董事会制定的规定决定:

(1)研究生教育的原则;

(2)其他与本法实施有关的学术事项。

修正案

1.基金会可以建立高等教育机构,或一个或多个附属单位,前提是它们是非营利性组织,其学术问题、教职工招聘和安全,但不包括金融和行政管理事务,遵守本法规定的原则和程序。

2.如果一个或多个基金会打算建立一个高等教育机构,有关基金会授权管理机构的相关书面决定经基金会总理事会的书面批准后,将提交高等教育委员会,并附下列文件:

(1)一份关于建筑物、设备、供应和其他需求的文件,表明该机构可以建立,或者已经为该机构的建立划拨足够的资金。

(2)一份关于可用的资金、财产、具有经济价值的股票或收入的文件,表明它们已经足够满足该机构一年运营费用的20%,以及所有其他当前支出,并且已经为此而划拨了资金。

(3)一份规定设立机构名称以及该机构单位名称的文件,并附有一份合同性质的文件,规定该机构的教育、财务和行政法规。

(4)根据本条规定制定一份处置不能履行职责的高等教育机构资金和财产的文件。

高等教育大会对上述文件进行必要的调查后,做出有关设立机构的决定,并通知国家教育部这一决定。

3.基金会不允许建立涉及军事或安全(警察)事务的教育机构或单位。

4.由基金会设立的高等教育机构①,必须有一个至少由七名成员组成的董事会,组成一个独立于基金会行政机构的机构。董事会成员由基金会行政机关选定,任期为四年,会员可在期满时更新。除最高年龄限制外,董事会成员应满足公务员的要求,至少三分之二的成员持有学士学位。董事会选举其成员之一为主席。

董事会是私立大学的法人代表。经高等教育委员会同意,学校管理人员由董事会

---

① 今后这些机构将被称为私立大学。

任命。董事会可以将其权力委托给大学的管理人员,这在某种程度上被认为是适当的。董事会与管理人员、教职工和其他人员签订合同,并批准其聘任和解聘决定;董事会批准大学的预算,监督其运作,并按照基金会制定的规定履行其他职责。

理事会的法定人数和决策事项,按本法第六十一条的规定管理。

5.拟建机构的法人构成与该基金会不同的法律实体。在任何情况下,该机构的收入不得转移到基金会的资产或账户上,即使是临时的。直接捐款和援助可用于该机构。

6.私立大学应当从本法第五十六条规定的财政规定和豁免中受益,并免征房地产税。

7.私立高等教育机构的学术机构和公立高等教育机构的学术机构一样,负责履行相同的职责。私立机构教职工的资格和公立机构教职工的资格是一样的。被禁止在公立高等教育机构工作或因纪律原因被开除的人,不能被私立大学聘用。

8.本法适用于教育法规、学习期限和学生权利等有关事项。董事会决定学生支付的费用。

9.这些机构应以同公共机构一样的方式,在每学年结束时向高等教育委员会提交其活动的综合说明。这些机构在财政、行政和经济事务方面受到高等教育委员会的监督和控制。

10.如果高等教育委员会确定这些机构的教育水平已低于预期标准,而且尽管有警告和建议,这种情况并没有得到补救,高等教育委员会应终止有关机构的运作。

11.私立大学最高学术机构具有参议院的权威和职责;行政管理委员会包括大学行政管理委员会的成员,最高级别的行政长官包括在本法有关条款中规定的校长。

12.考虑到这些机构涉及众多教育领域,建筑、设施、设备、教学和行政人员以及其他学术事项都由高等教育委员会决定。

13.在有关基金会法人不复存在的情况下,私立大学依旧具有合法性。在这种情况下,已由基金会分配给教育机构的所有动产和不动产、设备、货币和具有经济价值的股份,将成为该机构的财产。

在这种情况下,选择董事会成员和教育机构管理人员的权力,经高等教育委员会批准,由基金会总董事会委派给另一个基金会。

如果私立大学的活动暂时中止或永久终止,该机构的管理应由高等教育委员会向一个适当的公共机构临时(在中止的情况下)或永久(在终止的情况下)转让,以继续或完成教育活动。

14.为了让私立大学开展教育活动,经业主同意,财政部可以租赁属于财政部或其他公共法人的不动产给这些大学,时间不得超过49年,费用由部长会议决定。为了实现这一目标,相关的教育机构必须:

(1)提供至少两学年的正规教育;

(2)平均每位教学人员发表在著名学术期刊上的文章应该与公立大学的比例相等,刊物由校际董事会任命的评审委员会指定;

(3)向至少15%的学生提供全额奖学金。

除上述教育活动外,已分配的土地不能用于居民区;只提供全日制教员和需要提供不间断服务的行政工作人员,而不为任何其他人员提供住房;建筑物和设施只能用于教育、社会、文化或体育活动;建造或提供建筑物和设施,不能为了换取任何形式的报酬;不能为其他院校的学生提供宿舍设施。出租给私立大学的不动产,要使用得当,有关大学要履行已规定的责任。

为了减少这些教育机构的部分开支,财政部可以根据有关机构的书面申请、高等教育委员会的支持以及国家教育部的推荐提供国家援助。

被录取到这些机构的每名学生的资助金额,不得超过公立高等教育机构每名学生资助金额的二分之一,每名学生资助金额的计算方法是将国家预算中分配给公共机构的总金额除以公共机构正式教育项目的总人数。

国家援助的数额不得超过有关机构总预算支出的45%。

为了使这样的机构有资格获得上述的最大援助,该机构必须:

(1)提供至少两学年的正规教育;

(2)每位教学人员在著名学术期刊发表的平均文章数,刊物由校际董事会任命的评审委员会认可;

(3)与排名在上半部分的公立大学具有等同的地位,依据是学生就业考试中排名在前2 000名的学生数量;

(4)向至少10%的学生提供全额奖学金。

在上述排名中,处于与公立大学同等地位的私立大学,最多可以获得相当于其预算20%的资助。本条规定的最低限额和最高限额之间的援助数额,由财政部决定,并考虑高等教育委员会确定的排名。

接受这种援助的机构将于每年4月底将其收入和支出通知财政部、国家教育部和高等教育委员会。

关于这一条款的执行情况,财政部有权从有关的教育机构获得所有必要的文件和信息,并在必要时让其审计人员进行调查。

土耳其国家教育部终身学习战略(2009年)

一、引言

学习是人与生俱来且持续一生的行为之一。人类通过教育提高自己,从而在社会中安身立命。

学习可以随时随地进行,可以在学校,也可以在家里、室外、工作场所、旅行途中、花园、体育设施或娱乐设施中进行。但是,有些类型的学习需要按计划、程序、组织或在预先规定的环境中以自愿方式进行。还有些学习可能通过看、听、触摸和感觉,体验事件或对象,以及在任何环境中获得观点或知识而发生,而学习者或许没意识到这一点。

《里斯本战略》和欧洲联盟自身所强调的终身学习概念是为有效实施之前的《欧洲就业战略》(EES)而制订的计划和框架的延伸。随着就业问题以及世界的变革和发展,全球出现了许多变化。由于劳动力市场的不稳定、国家和国际层面的劳动力流动集中,最重要的是,为了从新计算机技术激发的技术革命的发展和变化中获益和应对所引起的问题,终身学习对于制定经济和社会政策越来越重要。

近年来,正如其他国家努力成为一个信息社会一样,土耳其也认识到信息的重要性,因此正在讨论如谁将从何处、如何以及以何种目的获得哪些信息等问题。在这种情况下,显然需要一个更加系统和有组织的结构。

土耳其制订了《2007—2013年第九个发展计划》,其愿景是"土耳其稳定增长,公平分享发展成果,在全球范围内具有竞争力,转变为信息社会,完成欧盟成员国协调进程",并且基于《长期战略框架(2001—2023)》。该计划是一份基本政策文件,介绍了在经济、社会和文化领域将进行的变革,以及土耳其在面对复杂而快速变化、竞争激烈、误解增加、全球化加剧、国家和个人都面临机遇和挑战的时代所采用的整体方式。针对该计划及其现状,已设计为一份基本战略文件,其中土耳其已确定基于欧盟的转型目标。该计划包括以下发展轴:"提高竞争力""增加就业""促进人类发展和社会团结""确保区域发展""提高公共服务质量和效益"。通过实现计划中规定的目标,欧盟可以达到其社会和经济指标,并确保与欧盟的法律和制度相一致。第570和571段的"增加就业"和"提高教育对劳动力需求的匹配度"发展轴,以及第583和594段的"促进人类发展和社会团结"和"加强教育系统"发展轴都与终身学习有关。

(1)第570段:将根据不断变化和发展的经济和劳动力市场的需求,制定终身教育战略,从而提高个人的就业技能。该战略应包括:根据私营部门和非政府组织在这一领域的运作,支持增加正规和非正规教育的机制,以提高人们的技术水平,增强能力,加强上述教育类型之间的横向和纵向联系,构建学徒制并提供公共教育。

(2)第 571 段：为了发展劳动力市场信息系统，为教育和劳动力市场提供更灵活的结构，并提高就业和劳动生产率，根据经济领域的需求进行劳动力培训的同时，会考虑终身教育战略。

(3)第 583 段：将采用综合方法设计教育系统，考虑终身教育，以支持人力资源的开发。将促进提高系统结构的效率、可获得性和公平性。

(4)第 594 段：为了保障社会终身教育的途径，将开发包括电子学习在内的非正规教育机会，鼓励非教育年龄的个体从开放的教育计划中受益，并将增加与技能和专业相关的活动。

第 17 届国家教育委员会的《全球化和欧盟进程中的土耳其教育体系》一文由"终身学习""教育流动性""教育质量"三章组成。土耳其教育系统在理事会会议期间就其在各级教育转换的维度、升级、考试系统以及全球化和欧盟进程进行了评估。目前已经通过了 26 项与终身学习有关的决议。

制定"终身学习战略文件"的目的是建立一个终身学习系统，以满足土耳其社会的需求和期望，并促进该系统的功能性和可持续性。

该文件的准备过程已在"加强土耳其职业教育培训体系"（Strengthening Vocational Education and Training, SVET）项目的范围内启动，SVET 项目在项目协调中心机构内执行。已经在相关部门的各种平台上讨论了这一主题，确定了其社会期望，并通过前期编写的政策文件中的意见来编写草案。之后，国家教育部成立了一个制订和完成草案的特别委员会。该文件目前已获得所有公共办事处和机构、私营部门和非政府组织关于最终草案的意见和建议。

在概念部分，正在强调终身学习（Lifelong Learning, LLL）概念，其中主要将个人视为主要参与者，以消除误解并形成共识。但是，这个话题也与社会、经济、文化、政治价值观和个人生活有关。

在该文件中，有 16 个优先事项，都是基于"通过加强终身学习基础设施促进获得优质学习"的总体目标和概念。除了确定目前的情况外，文件还提供了土耳其政策方面关于每项优先事项的建议。

本文件主要是有助于在社会中发展共同的终身学习理念。文件的另一特点是它以参与为原则，旨在满足国家的期望，并以国际惯例为指导。在设计内容时已经开发出包含子标题的系统结构。该文件依靠现有结构，一方面促进在社会中建立一个共同的终身学习系统，另一方面要帮助其在实践中取得成果。

该文件还计划为个人准备综合学习环境。可以肯定的是，个人将能够计划和管理自己的学习活动，获得这些环境以进行学习，在自己的兴趣和需求的激励下增加知识和技能，从而在物质和精神上收获快乐，并且能以任何方式评价其成就。

制订《土耳其终身学习战略行动计划》的目的是根据已经公布的类似部门和主题的战略文件的优先事项和措施，如"土耳其老年人地位和国家老龄问题国家行动计划""国家农村发展战略""信息社会战略",促进各种文件之间的协调。监测所附行动计划和战略文件中措施的实现,使战略计划具有活跃性、功能性和可能性。

二、终身学习的概念

终身学习的定义是,个体在其一生中参加与个人、社会和就业相关的任何学习活动,以提高自身的知识、技能、兴趣和资格。终身学习是为个人提供机会,使其积极参与经济和社会生活的各个阶段,以使个人适应信息社会,更好地掌控他们在这个社会中的生活。

终身学习还包括引导个人通过教育获得知识和技能的学习,以及除了在正规和非正规教育系统下提供普通和职业教育的机构培训。在这种背景下,除了学校,终身学习也可以在工作中、家庭或其他任何地方进行,它不受年龄、性别、社会经济地位和教育水平的任何限制。终身学习应被视为一项持续的和有计划的活动,是促进个人、社区和整个社会的专业发展和社会成就的方式,支持获取知识、技术和能力。

科学技术快速而全面的发展使各个领域发生了持续的变化,并揭示了新的需求。由于仅靠在学校期间获得的知识无法适应这种发展和变化,因此只有通过终身学习才能实现对自身知识的不断更新和提高。在这方面,教育系统将超越传统教育方法的限制,并以终身学习的方式应对社会需求。教育系统应当培养符合经济市场预期的合格劳动力,利用该系统强化就业与教育的关系。

具有现实意义的终身学习近年来已进入发展中国家和欠发达国家的议程,而这一概念曾是发达国家的一个主题。在这种背景下,终身学习获得了更广泛的意义,其中包括经济和社会发展的信息社会转型,以及促进土耳其等国家在快速完成工业化进程的道路上取得进展。与此同时,这种概念已经从社会和人类发展的层面扩展到获得商业生活所必需的技能。教育相关的概念、价值观和原则是根据工业社会的价值观形成的,因此需要根据终身学习方法和受全球化影响的信息社会的需要进行重新定义。

土耳其的终身学习有很长的历史。关于学习不受时间和地点的限制,即学习可能发生在人类生活的任何时刻,在人类生活或交流的任何地方的观点,即使对于指导一封信件的人,也应表现出极大的尊重,是土耳其最重要、最有价值的文化导向,并且在土耳其文化中以某种方式存在了许多年甚至几个世纪。在土耳其和其他国家都将终身概念视为教育和培训的一种方法模式。

随着就业问题以及世界的变化和发展,出现了许多变化。例如,在当今世界,变换工作的频率正在增加,短期工作而非持续就业正在变得普遍,一些职业正在失去其重要性,新职业正在出现,工作的连续性正在下降。因此,劳动力市场变得不稳定,国家和国际层面的劳动力流动集中,最重要的是,为了从由新计算机技术激起的技术革命的发展和变化所带来的问题中获益,以形成经济和社会政策,终身学习变得日益重要。

终身学习包括幼儿期的家庭学习、学前教育、正规教育的各个阶段、非正规教育、商业生活中获得的学习,以及在任何时期获得的知识和技能。在此背景下,终身学习政策应涵盖生活的各个阶段,应该通过考虑商业生活和人生阶段来设计和实施幼儿期和正规教育计划。学习日常生活技能与现代小学教育的三种基本技能(阅读、写作、算术)同等重要。终身学习除了非正规教育、进修教育和成人的第二次机会教育外,还包括正规教育和个人学习。

人生可分为三个阶段:(1)幼儿期和接受正规教育期;(2)商业生活期;(3)退休或老年期。然而在21世纪,生活分为学校、商业和退休三个阶段的观念已开始发生变化。当今世界不断变化的人口结构(更长的寿命和更多的老龄化人口)和工作系统使得老龄生活期被纳入议程。土耳其应根据这种新趋势考虑自身的人口和经济特征。

发展终身学习,需要灵活的系统。该系统涉及所有以前的个人学习,无论在何处和如何获得,并促进学校和商业生活之间的双向过渡。在此背景下,国家职业资格制度将是应对这种需求的最重要的工具之一。

当今世界的每个人都需要不断学习以适应发展和变化,提高他的个人能力、与工作相关的技能和资格。全球化加速的竞争型社会使人们在这方面的努力正变得越来越重要,终身学习正成为提高生活质量的最重要工具。

实施终身学习政策需要多方面的合作与协调。需要重新安排规则,特别是个人学习负担来源的商业生活规则,重要的是这些措施和安排能够适应教育系统。例如,在确保个人能够轻松获得教育机会的同时,个人从商业生活转到学校的成本应该是可以负担得起的。终身学习政策不仅应该以国家教育部的意见来执行,同时还要考虑其他公共办事处和机构、员工和雇主的专业组织以及非政府组织的共同观点,在供需之间建立实际的和流动的平衡。这种合作对于从终身学习投资中获得高回报而言是不可或缺的。当然,从终身学习政策中获得积极成果首先需要保持长期和决定性的观点,并通过考虑可行性来确定优先事项。

三、总体目标

通过加强终身学习基础设施促进素质教育

学习应成为我们日常生活的一部分,以便迅速适应不断变化的环境。从这个意义上讲,激励成年人不断学习和促进他们利用教育机会是非常重要的。应向错过正规教育的人提供持续的学习机会。特别是,向弱势群体(缺乏资格的年轻人、老年人、失业者、残疾人等)的个人提供便利非常重要。

个人继续接受教育的意愿与通过教育获得的社会和个人益处密切相关。在这种背景下,教育必须让个人从教育过程中有所收获,并能将这些收获转化为收益。

可以列出个人从教育中获得最高收益的三个基本变化:

(1)接受的教育与个人的兴趣、愿望、才能和资格之间的一致性;

(2)通过教育提供的知识潜力可转化为社会和个人收益;

(3)比较个人教育的费用与所获得的收益。

在欧盟举行的里斯本峰会决议框架内形成的"2010里斯本联合教育-培训目标"对作为候选国家的土耳其具有重要意义。

在此范围内,欧盟的教育部长们已就下文"三个基本战略目标"达成一致。

(1)提高欧盟教育培训体系的质量和效率。

(2)为每个人提供进入教育和培训系统的机会。

(3)向更广阔的世界开放教育和培训系统。

以及预计将在2010年实现的次级目标:

(1)为教师和培训师开展教育和培训。

(2)培养信息社会的技能。

(3)为每个人提供接触信息和通信技术的机会。

(4)促进科学和技术研究。

(5)从资源中提供最有效的使用方式。

(6)加强商业生活、研究人员和社会之间的联系。

(7)形成创业精神。

(8)促进外语培训。

(9)促进流动性和信息交换。

(10)加强整个欧洲的合作。

在这些战略和子目标范围内确定的欧洲标准如下(到2010年):

(1)每个会员国在阅读、数学和科学方面获低成就的15岁儿童的比例应比2000年低20%。

(2)22岁人群中至少有85%完成高中教育。

(3)从数学、科学和技术专业毕业的学生人数应该以每年15%的速度增加(同时解决学生的性别失衡问题)。

(4)终身学习参与率(欧洲平均水平)将至少达到在职成年人口(25至64岁)的12.5%。

(5)未完成学校教育的学生比例将不会超过10%。

欧盟委员会重视各国制定的终身学习战略,以促进《里斯本战略》范围内的向信息社会的过渡进程发展。在此范围内,委员会在其2001年11月21日的COM(2001)678号条例中定义了终身学习策略的重要组成部分,具体如下:

(1)改善机构和企业之间的合作,支持国家、区域和地方各级公共管理的教育服务、社会团体、地方协会和非政府组织。

(2)根据信息社会的需要,确定劳动力市场和终身学习活动的潜在受益者的需求。

(3)根据终身学习范围的扩大和鼓励新资源模型机制的建立所增加的学习机会,确定公共和私营部门投资的增加值。

(4)促进工作中的学习和增加工作场所的学习中心,使学习机会更容易获得。

(5)促进农村人口、弱势个体和面临失业风险的人获得合适的学习机会。

(6)形成学习文化,以确定所有年龄段的学习需求,增加此类机会的受益人数并激励潜在的受益者。

(7)建立有效的监测、评估和质量控制机制。

(8)鼓励支持扩大终身学习机会的公共和私营办事处和机构。

在土耳其,需要加强教育基础设施并提高质量,同时促进终身学习观念的发展,以覆盖全部教育阶段。当考虑土耳其和欧盟标准的具体需求以及上述组成部分时,下面提到的问题将变得十分突出。

优先事项1:颁布法律规定,明确各方的责任和义务,以协调终身学习

土耳其国民教育体系受到编号为1739的《国民教育基本法》的规范,该法于1973年6月24日(官方公报)根据《土耳其共和国宪法》第四十二条和关于职业教育的第3308号规定生效,编号为4702的《职业教育法》规定了修正案。上述关于参与维度的立法规定没有充分考虑教育各方的作用和责任,以及教育对社会不断变化的需求的协调功能。

在土耳其,有一些公共、私营和非政府组织首先作为国家教育部(MONE)在终身学习领域内开展直接或间接活动。但是,重组教育系统将导致重新确定下列各方在教育中的作用。

1. 个人
2. 家庭
3. 商业生活
   (1)企业。
   (2)雇员和雇主工会和联合会。
   (3)公共机构性质的专业组织。
4. 非政府组织
   (1)基金会。
   (2)协会。
5. 公共办事处和机构
   (1)各部委和附属机构。
   (2)依法设立的机构、董事会和最高审计委员会。
   (3)地方政府。
   (4)大学。
   (5)土耳其武装部队。
6. 媒体

通过社会共识确定这些角色非常重要。应确定《终身学习协调法》和相关立法中各方的角色和责任,并以终身学习系统的有效运作为目标,以满足与当今环境相适应的需求,并通过终身学习理念实现教育和培训的新意义。在此范围内,应建立一个包括非政府组织在内的部际研究小组,以审查现有的法律制度,并颁布《终身学习法》,协调有关就业、社会政策、企业、教育和行政的法律规定。

优先事项 2：通过增强社会意识建立终身学习文化

土耳其需要发展一种终身学习文化，在这种文化中，学习将成为一种适合每个人的正常的生活方式。国家、媒体和社会伙伴是主要参与者。应该开展全面有效的增强终身学习意识的活动，以便在媒体和土耳其非政府组织的帮助下建立终身学习文化。在此范围内，应支持各种建立在媒体、非政府组织和企业中的学习文化的政策和活动，以确保社会对教育和培训有更深刻的理解。

专业协会、雇主和员工专业部门组织以及所有办事处和机构应更密切地监测和评估其部门的技术发展，确定教育需求，通知其成员并建立可以提供培训或重组现有培训单位的单位。如果它们不能自给自足地提供培训，则应从其他企业和组织中获得资源。

非政府组织在终身学习方面的重要性不容忽视。为了使终身学习向公众传播，需要强大而广泛的非政府组织加强对正规教育的支持，特别是对弱势群体的支持。非政府组织应加强其培训单位的实力和提供终身学习的体制专家，以使非政府组织获得满足这种需要所需的体制权力。非政府组织应该承担更多责任，增强社会意识，积极参与学习和教育过程，以及举行各种教育活动。

优先事项 3：加强数据收集系统，实现有效的监测、评估和决策

《里斯本 2010 年教育和培训目标》在促进欧盟国家至少 12.5% 的成年人（25～64 岁）参与终身学习。2001—2005 年与欧盟国家和土耳其的终身学习有关的数据仅反映了在国家教育部的学徒制和正规教育总局内进行的研究，并不包括在其他部委、协会、商会、工会、市政当局和私人机构内开展的终身学习活动。更大的国家数据库正在建立当中，在建立全新和可靠的数据库后，与土耳其的相关性将会更高。但是，这些相关比率仍然无法满足一般需求。

更新的和可靠的数据对协助有效的管理和决策是非常重要的。定期的数据收集和国际兼容数据的短缺使土耳其难以确定关键领域和不足之处。因此，需要加强国家与国际层面的研究和信息数据库的联系。在更新数据和遵循相关事项的实施方面，组织国家与国际终身学习研讨会和活动将同样十分重要。

解决数据短缺问题是运行终身学习系统和确定比较标准的先决条件。需要在国家和国际层面进行搜索，以选择合适的数据和数据库。土耳其应参与所有关于教育和教育质量测量的国际调查和研究。

优先事项 4：确保所有人获得读写技能，以提高识字率

识字和基本的计算知识是终身学习的先决条件，因为阅读技能是获取大量学习材料的必需要素。

在土耳其，识字率不高仍然是一个问题，这是一个应该在终身学习机会的必要基本技能方面解决的问题。女性问题尤为突出。根据土耳其统计局（TSI）的数据，2006 年土耳其的文盲率为 11.9%。男性比例为 4%，女性比例为 19.6%。

土耳其的人类发展指数在 177 个国家中排名第 84 位。土耳其成绩较低的原因是识字率和学校教育参与率,以及预期寿命和人均收入都相对较低。

特别是女性人口识字率低,需要采取必要措施加以解决。对于这个问题,需要制订方案以消除成人文盲,特别是在识字率低的地区。

优先事项 5:从基础教育入手,提高各级教育的入学率

经济所需要的合格劳动者需要经历一个教育过程,这个过程是从小学,甚至是从幼儿园开始持续到大学教育。此外,应在每个阶段以终身教育的观念支持这一过程。正规教育中,在涵盖学前教育和小学教育的第一阶段,目标是确保个体获得良好的人格和公民素养;在涉及中等和高等教育的第二阶段,目标是使个人为就业做好准备,并为个人提供商业生活所需的信息和技能。

各级教育中入学率最高的是小学阶段。但是,虽然是义务教育,土耳其农村地区的入学仍不能得到充分保障,所以小学的入学率无法达到 100%。小学延迟注册和毕业前离校(辍学)是阻碍学校教育比率上升到理想水平的主要因素。在 2007—2008 学年,中学教育阶段辍学的学生人数为 211 598 人(占所有中学生的 6%),同时有 60 329 名小学生(占所有小学生的 0.5%)辍学。

众所周知,个人发展的很大一部分是在学龄前完成的。在这个年龄段缺乏教育的儿童所遭受的损失,未来很多年都难以弥补。土耳其正在进行有关提高学前教育参与率的研究,目标是到 2013 年入园率达到 50%(欧盟 4 岁儿童的入园率为 86.8%)。目前土耳其的入园率(4~5 岁)为 33.9%。

2008—2009 年中等教育的净入学率为 58.5%,可以说中等教育年龄的很大一部分人失学,他们从事商业生活或失业。实施异地上学、地区寄宿学校等方式可以增加他们获得正规教育的机会。在 2008—2009 学年,区域寄宿小学的学生总数为 26.3 万。异地上学能够确保 6 883 名学生可以接受教育。

生活在农村地区的低收入家庭的儿童、残疾儿童,特别是女童难以接受教育。土耳其正在努力提高教育的可能性,实施了例如"女孩们上学运动""爸爸送我上学""有条件现金转移计划""100%支持教育计划"等计划。2008 年的人口记录系统显示,尽管入学率显著增加,尤其是小学教育,但 6 至 13 岁年龄组中大约有 27.6 万名无法上学的儿童,他们仍处于义务教育年龄。

尽管近年来中学教育阶段的入学率有所增加,但这一比例仍未达到理想水平。与小学教育相比,中学教育中 89% 的性别比例处于相对较低的水平。

女性人口的识字水平是男性人口的 83%。因此,土耳其在社会经济发展方面最重要的问题之一是为占总人口一半的女性提供接受教育的机会。

从小学教育到中学教育的过渡率为 85%。土耳其小学毕业后没有继续上学的学生比例为 15%。此外,中等教育中的职业教育的占比很低。在 2008—2009 学年,中等职业技术教育占中等教育的比例为 40.8%。未能充分考虑学生从小学教育向中学教育系统过渡阶段的兴趣和技能问题,小学教育指导制度效率低下,职业教育学生处境不利,教育和就业之间的联系不足,阻碍了职业教育在中学教育中所占比重的增长。

在经合组织国家,25～34 岁大约 33% 的女性和 28% 的男性成为高等教育的毕业生。土耳其的这一比率是,女性为 7.1%,男性为 10.7%。在经合组织国家中,土耳其男性比率排名倒数第二,仅高于葡萄牙,而女性则排名倒数第一。

在经合组织国家中,如土耳其、捷克、意大利和斯洛伐克,其高等教育毕业生占工作年龄人口的比例低于 12%,而加拿大、美国、瑞典和日本等,其高等教育毕业生占工作年龄人口的比例超过 35%。在性别方面,加拿大、芬兰、瑞典和新西兰的女性高等教育毕业生人数高于同一类别的男性人数。相反,与女性人数相比,韩国和瑞士的男性高等教育毕业生占比非常高。

优先事项 6:确保教育机构的有形基础设施和培训人员数量和质量足以满足需求

需要有足够的教育培训人员和实际场所,保证"积极学习环境",以实现持续和稳定的学习。

尽管教育参与率有所提高,但学校在质量和数量上还是有着不足之处。但是无法提供能够弥补这些不足的持续资源。因为国家条件有限,资源转移连续性的缺乏导致无法满足当前的需求。应考虑到这些需求,并采取更多措施。

学习手段和方法的多样化会促进终身学习。在此背景下,通过利用信息和通信技术激活和开发远程学习十分有意义。

受过良好教育和积极性高的教师是优质教育的最重要要素。在此背景下,需要支持教师的职业发展和培训。这种支持应该不止于在职的培训课程。教师应有机会接受培训,以促进专业发展。此外,应支持教师参加私营机构组织的培训。特别是,职业课程教师应该拥有工作经验。应建立在线社区,在教师实地培训方面采取措施,增加面对面活动,而对于可能不在同一时间和地点聚集的教师,可以通过互联网技术提高教师能力。在此方面,应支持召集教师,以促进区域或国家级教师的专业发展。

优先事项 7:根据需求的不断改变持续更新培训计划

将教育系统重组为"以学习者为中心"的终身学习系统非常重要。在接受以学习者为中心的方式之前,个人习惯于获取主管当局认证的资格,这一资格也是根据同一当局确定的教育方式。在以学习者为中心的结构中,个人应有自由和义务选择他将如何获得基于中小学教育水平制定的新课程的资格。因此,将促成自由与义务之间的良好平衡。在整个教育计划中,将支持增加学生根据自己的兴趣、愿望、能力和资格选择课程的比例。实现这种方法的第一步必须改善教师培训机构和教育机构之间的事务。

以学习者为中心的教育体制改革自然也会导致教育各方(个人、国家、非政府组织)

角色的重新定位。通过社会共识确定这些角色非常重要。当然,地方政府和大学在这个体系中的作用不容忽视。因此,地方政府应提供实施的模式,将所有居民纳入"学习型城市""学习型城镇"等体系。

在正规教育过程中有必要至少教授两门外语。因此,个人将会更好地利用学习机会,这将促进他们与其他国家公民建立良好的沟通关系。关于建立质量、功能和目标导向的外语学习课程的研究仍在继续。这样的课程应该通过不同的学习环境来帮助个人提高他们的外语技能。

优先事项8:促进学习信息和通信技术,使个人能够适应不断变化的时代需求

在我们今天的世界里,没有批判性思维、高效解决问题和计算机知识与技能而拥有文凭是没有意义的。今天的经济更加注重服务,更多地基于信息技术,因此必须具备计算机技能。掌握计算机知识是商业生活成功的先决条件之一。优质教育应该为年轻人提供这种技能。

土耳其公民在使用通信技术和信息技术方面反映了不同的进程。土耳其有24.5%的家庭拥有互联网接口;38.1%的家庭成员使用计算机,35.8%的家庭使用互联网。尽管固定线路用户活跃度已为26%,移动电话用户活跃度已达到约60%,但计算机拥有量和互联网使用率仍处于较低水平。

使用计算机和互联网频率最高的年龄组是16岁至24岁年龄组。所有年龄组中,男性对计算机和互联网使用的比例较高。根据受教育程度,计算机和互联网使用率最高者是大学在校生、大学毕业生或更高学历者,分别高达87.9%和87.2%。工薪员工和所有就业人员的计算机和互联网使用率分别为61.4%和58.6%。失业人口的使用率分别为49.9%和47.8%。

截至2005年,互联网用户占总人口的比例为13.9%;宽带用户占总人口的比例为2.0%。

此外,国家信息和通信技术的使用在员工、失业人员、学生、家庭主妇、退休人员等劳动状况和收入水平、教育水平、性别、年龄组和地理区域等方面存在重大差异。换句话说,土耳其面临着国家和国际背景的数量差距。

优先事项9:要特别重视终身学习中的弱势群体

终身学习政策的设计特别关注弱势群体的利益。儿童、老年人、残疾人、移民家庭、失业者、低收入者、低技能员工、脱离学校的人、残疾人等弱势群体和个人是优先目标群体。尽管每个人都需要继续学习,但这些人是终身学习和资源的基本焦点。从这个意义上说,应该特别关注这些特殊群体。

残疾人是需要接受特殊教育的弱势群体中的重要组成部分。残疾人大多位于马尔马拉地区和城市中。与其他年龄人口相比,30岁以下的残疾人数量正逐渐减少。

在土耳其,有39%由于学习困难而接受帮助的儿童和38%因残疾而接受帮助的儿童是女孩。虽然仅有一部分是有关经合组织国家的现有数据,但统计数据显示,在由于学习障碍而获得帮助的学生中,男生的数量比女生多50%;同样的,由于学习困难而获得帮助的学生中,男生数量是女生的两倍。

由国家教育部开展的开放教育系统课程通过电视广播进行教学,由中央组织考试,并向毕业生颁发文凭。在2008—2009学年,34.6万名学生接受了开放式小学教育,50.8万名学生接受了开放式高中教育。然而,考虑到土耳其15岁以上人口中有600万文盲,因此更重要的是促进远程学习系统发挥更大的作用,以便为弱势群体的青年创造新的机会。

对于需要接受特殊教育、未得到充分服务和学习缓慢的学生,有必要采取措施促进其继续接受教育。也应采取必要措施,促进社会中特殊和高技能学生的进步和积极参与,他们能够快速地学习,并且有能力专注于各个领域。

优先事项10:在终身学习的范围内加强就业指导服务

缺失关于促进个人选择与其兴趣、愿望、才能和资格相关的适当领域和计划的服务阻碍了终身学习。当同时考虑这种缺失和缺乏横向过渡的教育系统结构时,可以更好地理解出现负面影响的程度。当一个14岁的孩子在家庭或同伴群体的影响下申请就读中学,然而却几乎没有接受任何提高他的能力意识的指导服务时,他可能会被剔除劳动力市场的职业。当学生想要在几年后选择另一个领域时,他可能不会充分意识到系统提供给他的机会。另一方面,系统虽然提供了一些服务,但无法获得此类服务也妨碍了机会的获取。出于这个以及与其相似的原因,土耳其应该重视支持个人在符合其兴趣、愿望、能力和资格的领域接受教育。

经合组织和欧盟委员会将职业指导定义为"无论是在人生的任何年龄、任何时间,旨在帮助个人进行教育、培训、职业选择以及管理其职业生涯的服务和活动"。支持终身学习基本原则的指导和咨询服务会确保个人了解自己的能力和不足,规划和管理自己的教育活动,并了解其可能遇到的风险和机会。考虑到个人与商业生活等其他生活情境的关系,显然有必要为学生和成人提供不同的职业指导和咨询服务。

对年轻人的职业指导需要采取与成人不同的方法。一方面,大多数年轻人都接受全日制教育,工作经验非常有限,并且可能会转到另一个更容易的专业领域。另一方面,大多数成年人已经有了职业生涯,他们已经远离了教育生活。因此,应该准备一个职业指导系统,以便向两个不同的群体提供服务。

对于满足终身学习要求的职业指导和咨询服务,有必要重新调整学校提供的相关服务。除了专注于与职业和教育相关的个人决策的服务外,职业指导和咨询服务应该帮助个人提高他们的技能,以促进他们在教育和职业上做出一生中必须要做的选择。一方面,如果以学校为基础的职业指导和咨询服务主要由土耳其劳工机构职业咨询中心以及作为议定书缔约方的机构进行,就会是有益处的。另一方面,发展基于互联网的职业指导、咨询及教育服务将有助于这些计划的实施。在这种情况下,也要促进职业机构和私营部门就此问题提供服务。

教育所提供的服务不是有效的投资,除非它们转变为社会和个人利益。教育的个人利益是实现更好的生活。个人参加他认为可以提高自己的教育活动,并为这种教育做出投资。在这种情况下,利益自然会转移到为个人提供就业、维持就业并创造更好的就业条件的领域。

创业对于提高教育的个人和社会利益十分重要。企业家可以将学生的教育收获转化为利益。企业家扮演催化剂角色,将自己和他人的教育收获转化为利益。因此,创业精神的发展对延长终身学习至关重要。

优先事项11:通过运行职业资格认证体系建立质量保证体系

为了制定和运行确定技术和职业领域国家资格原则所必需的国家资格制度,根据国家和国际职业标准,开展与监督、测量、评估、文件和认证有关的活动,编号为5544的《职业资格管理法》的新结构由土耳其大国民议会采纳并于2006年10月7日在官方公报上公布,编号为26312。这种结构的建立是规范土耳其长期被认为有缺陷的职业资格的重要一步。

欧洲资格框架的主要目标是为不同的国家或部门的资格制定联合参考框架,并促进教育者和学生在教育和培训方面的沟通。因此,确保国家和部门层面的资格框架和制度之间的相互联系,将促进公民资格的转移和认证。换句话说,它将促进国家或部门层面主管当局评估并批准的资格的转移、透明度和认证。

根据欧洲资格框架,每个国家都建议制定国家资格框架,并将国家框架与欧洲资格框架联系起来。职业资格法中的国家资格框架的定义如下:国家资格框架是指资格原则,其设计方式符合欧盟采用的资格原则,以及根据所有技术和职业教育/培训计划(包括小学、中学和高等教育以及正规、非正规和相关机构)许可的资格原则。在制定国家资格框架并与土耳其高等教育委员会、国家教育部、职业教育机构和土耳其其他利益相关方共同研究后,资格原则应得到明确。

制定职业资格框架的主要目的:
(1)加强教育与就业之间的关系;
(2)制定国家学习成果标准;
(3)鼓励教育和培训的质量保障;
(4)将横向和纵向过渡资格联系起来,发展国家和国际比较性基础设施;
(5)确保学习机会、学习进步、学习认知和学习的可比性;
(6)支持终身学习。

作为国家资格制度基础的原则:
(1)实施国家发展计划;
(2)在国家和国际层面上进行认证和体现价值;
(3)建立基于原则的认证基础设施;

(4)开发灵活的系统,允许横向与纵向过渡;

(5)通过国家和国际职业标准确保有关各方达成共识;

(6)促进有关各方的充分参与;

(7)为了所有相关人员的利益和机会而开放,除法律规定的限制外,没有任何限制性障碍;

(8)无论教育和工作的地点,根据教育和经验提供个人教育成果的流动性认证。

这是对个人通过不同方式获得的知识和技能的认可。国家资格框架仍在由职业教育机构(VAI)开发,它表现了一种特别是在职业技术教育体系中的变化。该框架与终身学习密切相关且十分重要,因为它将允许认证知识、技能,以及正在经历各种学习方式的个人的态度和行为。该框架还将有助于确保教育的透明度。而教育的透明度将确保提高职业教育和培训水平,并通过认证、监督、测量、评估、文件和资格活动,确保更健康的教育、劳动和就业关系。通过文凭和证书的相互承认,根据国家和国际资格原则、教育机构的认证和提供此类资格的计划,确定技术和职业领域的国家资格原则。

通过该框架,申请工作的人能够将他们的才能和技能文件记录于劳动力市场之中,雇主将根据这些文件雇用合适的人员。此外,没有受过任何教育而通过工作获得技能的人有很大一部分会拥有记录技能的机会,因此,他们的就业机会将会增加。

优先事项 12:促进从学校到工作以及从工作到学校之间的培训计划的转变

基于终身教育方式的"学校-商业生活"和"商业生活-教育"的转化已取代"学校-工业"的合作概念。这种方式的意义在于个人对学习的持续需求。商业生活中经历的快速变化促使个人体验新事物,不断学习和更新自己。这要求个人每隔一定时间就需要返回学校、教育机构学习新事物。其他类似的要求对于接受教育的人也是一样的。不能提供与商业生活脱节的教育,因此,从商业生活到学校,从学校到商业生活的持续过渡对每个人来说都是必不可少的。今天,在职工作也已经成为一个重要问题,就如同等待就业一样。

终身学习的持续性与促进基于资格的各种教育类型和阶段的横向与纵向过渡密切相关。正在继续立法、制订计划和评估研究,这将有助于促进教育类型和阶段之间的横向和纵向过渡,以支持终身学习。加速向模块化计划过渡,特别是受欧盟支持项目资助的职业技术教育和职业教育机构的建立,是实现这一目标的重要步骤。同时,职业教育机构继续开展其必要的机构基础设施项目和机构活动。

商业生活的需求和期望不断变化。应允许员工根据不断变化的环境持续更新他们在学校获得的知识和技能,并提高自己,以便能够实现继续就业。在终身学习引入的新方法和概念变革的框架内,"学校-商业生活"和"商业生活-教育"的转化应是持续的,应组织和鼓励从学校到商业生活和从商业生活到学校的过渡。

资格应当作为从学校到商业生活转变的参考。对于从商业生活到学校的转变,应确保对以前获得的知识、技能和经验,以及之后学到的知识、技能和经验的评估和记录。

与欧洲通行证(EUROPASS)和欧洲职业教育与培训学分制(ECVET)的实施平行,应该开发一个计算机支持系统,个人可以从中找到他们的终身教育和工作经验(获得的教育、工作场所、学习的语言等)。在这个研究中应评估以前的项目和获得的经验。

只有通过教育领域的规范和改进,才有可能实现终身学习目标。特别是,商业生活的规则和理念应该是促进个人获得学习的机会。与此同时,学校生活还应提供商业生活中所需的技能(企业家精神、团队合作能力、责任感、实践能力、创造力、长期思考能力等)。

学校-商业合作对于通过缩短将知识转化为利益的过程来创造学习动机非常重要。但是,不应认为这种合作仅限于职业技术教育机构。无论教育的类型和阶段如何,所有人最终都将被纳入商业生活。因此,学校与商业的合作有利于学习者尽快熟悉商业生活,并有助于将他们的知识转化为生产。此外,终身学习对于适应商业生活的发展、新的发展和规范都至关重要。

优先事项 13:将劳动力质量提升至国际竞争水平

各国的就业结构和失业率是经济发展和社会发展水平的重要指标。在 21 世纪初大多数国家存在的高失业率仍然是一个重大的经济和社会问题。根据国际劳工组织发布的《2001 年世界就业报告》,世界上有三分之一的劳动力"公开失业,就业不足,在寻找额外的工作,或者为收入不足以支持其家庭而工作"。

欧洲就业战略受到基于"就业能力、企业家精神、适应性和机会平等"四大支柱的详细政策监管。欧盟在未来进程中的战略目标是"重建充分就业条件"。

欧洲就业战略有四个重要的政策目标:

就业能力:其含义是通过培训、高等教育和继续教育咨询服务提高找工作者的技能和资格。应该为所有失业 6 个月内的年轻人和失业 12 个月内的成年人提供机会,这将使他们能够根据自己的需要留在劳动力市场中。

企业家精神:为了增加新的工作和就业机会(这是解决经济中高失业率的最有效方法),应有针对性地提出激励措施,例如支持自己开办企业的人,识别中小企业面前的困难,减少税收和雇主负担。

适应性:公司和员工应该适应不断变化和提高的劳动力市场条件。因此,应在社会各方的参与下制定灵活的工作模式和新的工作合同类型。

机会平等:通过增加参与劳动力市场的妇女和残疾人,确保弱势群体(主要是上述群体)融入劳动力市场是首要目标。重要的是采取有助于实现这一目标的紧急措施,例如扩大儿童和老年人的护理服务,通过激励提高残疾人的就业水平,而不是惩罚。

欧洲就业战略的发展,其政策目标已在上文概述,正等待得到里斯本、斯德哥尔摩和巴塞罗那峰会的认可。其目标是"使欧盟成为世界上最具竞争力和最具活力的信息化经济体,实现充分就业,确保优先事项 13 的可持续性:在未来十年内将劳动力质量提升到国际竞争水平,促进经济增长和社会融合"。里斯本峰会已就此目标达成一致,其中根据欧洲就业战略实施了重要步骤。

根据制定的目标,如到2010年欧盟的一般就业率目标应达到70%,以及女性就业率应达到60%,欧盟如若实现每年3%的经济增长率就足以实现这些目标。在斯德哥尔摩峰会上确定了两个中期目标和一个新目标,将其作为此类目标的补充。其中一个中期目标是在2005年之前将平均就业率提高到67%,另一个中期目标是将欧盟女性就业率提高到57%。确保在2010年之前将就业率提高到50%是峰会确定的新目标。

一般来说,与妇女相比,男性在劳动力市场中的参与率较高,而与城市地区相比,男性在农村地区的参与率也较高。女性与男性在劳动力参与率方面的差异在城市地区比在农村地区更大。

土耳其劳动力市场的另一个特征是,尽管劳动年龄人口增加,但劳动力参与率呈下降趋势。虽然工作年龄人口从1997年的4 300万增长到2008年的近5 000万,但劳动力参与率却从52.5%下降到47.7%。在这种情况下,不能不说劳动力参与的减少是由工作年龄人口增加引起的。

农村向城市迁移和快速的城市化改变了就业问题的性质。农村地区的人力资源过剩和农业活动的就业者,已经转移到城市并成为公开失业者,形成了一个新的转向服务业边缘工作的变相失业群体。未能优先考虑可以创造就业机会的投资;教育资源分配和劳动立法的不足导致长期的失业问题。2 600万处于工作年龄的人口不想参加劳动。劳动力参与率的下降意味着"不成为劳动力"的趋势逐渐成为主流。

评价劳动力质量和潜在能力的主要指标是教育水平。基于教育层次而言,土耳其目前的劳动力结构对劳动力效率的提升和经济的增长具有负面影响。可以说,土耳其劳动力的教育水平分为低于高中层次、高中和同等职业学校毕业生,以及高等教育毕业生。

土耳其劳动力的教育和年龄分布:

(1)总劳动力的17.6%属于15~24岁年龄人口。

(2)高中教育以下人群的劳动参与率为45.7%(男性为70%,女性为20.6%),高等教育毕业生的这一比例为79.3%(男性为84.4%,女性为71.9%)。

(3)男性高中毕业生和同等学力毕业生的劳动力参与率为74.6%,但女性为33.5%。

具体分析这些数据,土耳其雇用的劳动力的主要部分是不合格或低质量的劳动者。但是,不应忽视就业人口的教育水平普遍提高的事实。教育水平与劳动力参与率之间存在正相关关系。大学毕业生的劳动力参与率最高。文盲的参与率为19.4%,高中以下的参与率为46.4%,高中或同等学校毕业生的劳动参与率为56.7%,高等教育毕业生为78.6%。

虽然土耳其在长期失业等问题上与发达国家有一些相似之处,但事实上妇女和年轻人是受失业影响最大的群体,区域失业率之间也存在较大差异;还有一些土耳其独有的问题。最重要的是,土耳其具有年轻而充满活力的人口结构,其失业问题不仅限于公开失业。受过教育的年轻人的高失业率体现了这一人口群体参与劳动面临的障碍,而且事实上,他们通过教育获得的资格与劳动力市场的要求之间存在不匹配的情况。

低质量的教育和工作、移动性的限制、就业机会的不足,以及雇主缺少雇用的意愿是导致残疾人在劳动力中的参与率较低的原因。残疾人在参加劳动时面临的这类问题会增加社会排斥和贫困的风险。

为不同程度和类型的残疾人提供多样化的职业教育机会,制订新的教育方案并创造就业机会,与此同时,需要实现这些方案的多样化,以提高残疾人的就业率。有必要制订一些方案,加强学校与工作之间的联系,发展职业教育并制订再就业的过渡方案,以及采取措施鼓励实施依靠个人收入、再制度化和基于社会的替代性方案的生活教育方案。

优先事项14:确保各方共担终身学习经费

雇主和国家是终身学习的直接受益者。因此,在这个过程中,受益人对资金的贡献至关重要。国家会提供最大的融资份额,其直接负责满足个人的教育需求,并将促进他在社会中成为富有生产力的公民。但是,考虑到雇主是直接的受益者,他们愿意并帮助国家减轻终身学习的资金负担是非常重要的。

在土耳其,过去几年分配给教育的国民收入份额处于较低水平。近年来,土耳其正在努力为教育分配更多的公共资源以改变现状。在此背景下,以正确而有效的方式使用资源十分重要。

教育是一种为社会和个人提供收入的活动。为社会和个人提供的收入分配根据国家的特点以及教育的类型和阶段而变化。与此相关的数据对于制定与教育经费有关的政策非常重要。有些国家从公共资源中支付所有对个人受益高的教育费用,也有些国家考虑到个人获益,认为个人应该为教育费用做出贡献。而众所周知的事实是,义务教育是在国家的保证下,由公共资源支付其费用的。

任何国家似乎都无法做到从公共资源中承担终身学习的所有费用。教育水平较低的国家对终身学习的投入必须比教育水平高的国家更大。即使这项义务没有转移给受益人的必要性,这些受益人从个人利益很高的终身学习机会中受益,至少可以支付部分服务费用。但是,需要国家融资才能吸引弱势群体接受教育和终身学习。

终身学习的融资是一个政治问题,也是一个经济问题。仅从经济需求角度考虑可能会导致社会问题,这些问题可能无法得到补救。终身学习可能成为经济状况良好的个人的首要任务。此外,有必要注意这样一个事实,即个人和企业对教育经费的贡献是所提供服务质量的指标,也需要与需求保持一致。

参加终身学习活动的人可能有以下一项或多项益处:

(1)高就业能力/职业灵活性;

(2)更高的收入;

(3)提高技能;

(4)获得满足感。

每个人对这四种益处的个人或社会成果的需要都有所差异。这一点可以详细说明。例如,一个正在找工作的人的目的是提高就业能力,而一个受过良好教育的人是为了获得更好的职位而接受培训,教育的个人和社会成果对于他们来说是不同的。为失业青年提供的教育可以完全由公共资源提供资金。但是,用公共资源为那些争取更好职位的个人提供所有教育费用是不合理的。

那些将从教育中受益的人不仅是公众和个人。个人工作所在的企业也会从这些服务中受益。因此,它们也有必要为融资做出贡献。参与终身学习,可以提高雇员的生产力和工作的质量,他们在工作中的提高是雇主的福利。事实上,雇主可能不得不向雇员支付更高的薪水,但他从中获得更高利益的可能性也很高。雇主给予培训活动的支持对于不需要"立即提供资金"的雇员尤为重要。

另一个受益于终身学习的是代表社会利益的国家。受过较高水平教育的劳动力是国家经济发展的基本投资。对于国家来说最明显的好处是经济回报,例如从较高收入中获得更多的税收收入以及由于经济隐患减少而使失业支持的需求减少。

需要寻找"谁将提供即时融资?"以及"谁将最终支付?"等问题的答案。个人可能在支付教育费用方面遇到问题。但是,预计在完成教育计划后,他们的收入也会增加。因此,如果必须在获得教育时进行支付,那就意味着只有拥有资源的人才可以参与教育。

就专业机构对教育经费的贡献方面,土耳其有着重要的经历,1986年颁布了编号为3308的《职业教育法》,建立了一个由雇员和雇主工会提供资源的基金。但是,该基金没有成为职业技术教育综合融资模式的工具,并且由于诸如未能为社会各方提供有效使用权等原因而转变为税收工具。21世纪初,在一般经济措施的框架内,经历了一场几乎导致取消所有基金的进程。在此背景下,重要的是首先提出终身学习的整体融资模式,然后集中精力研究这种模式的工具。

根据第3308号《职业教育法》的修订,提出了一项义务,即一定规模的企业需要建立培训单位,为职业高中学生提供技能培训。这意味着职业高中学生的一些技能培训费用将由雇主承担。但是,有必要强调其预期发展恐怕无法实现。

为教育提供额外资金的方法之一是鼓励私营部门和非政府组织对教育进行更多投资。尽管有激励措施,但需要思考未能获得预期结果的原因。无论原因是什么,目前的激励措施都无法鼓励私营部门和非政府组织对教育进行投资。在这种情况下,有必要改变激励机制并在必要时重新实施。

优先事项15:在终身学习的范围内加强国际合作与流动

教育是欧盟留给会员国的权力。20多年来,作为对现有教育系统和政策的支持,教育和培训流动计划正在实施。这些计划允许该领域的目标人群作为受益者通过项目和个人活动实现国际流动,进行信息和经验的交流,这些项目与活动需在7年期限内进行。

《2007—2013年终身学习计划》于2006年11月15日通过欧洲议会和理事会决议,编号为1720/2006/EC,于2007年1月1日生效。其目标是"通过终身学习过程,确保欧盟发展为先进的信息社会,为可持续的经济发展、更多更好的就业机会和社会融合,以及为后代保护环境做出贡献",其基础是通过其提供的项目和个人活动资金,支持参与国的教育和培训系统之间的交流、合作和流动。该计划的目标直接与《里斯本战略》和信息社会的目标相吻合。土耳其通过于2007年5月30日签署的谅解备忘录实现了参与《2007—2013年终身学习计划》。

学校教育、高等教育、职业教育和成人教育计划和所有这些计划的学习参与者,以及从这些计划中受益的普通和职业教育的决策者,都信奉终身学习方法。任何级别的教育和培训机构、学生、教师和培训人员、终身学习各个层次的学习者、董事、企业、政府和私人机构、非政府组织、社会团体和劳动力市场的劳动者构成了终身学习计划的受益者。

根据相关谅解备忘录,欧洲委员会和土耳其国家预算将在一定范围内为土耳其参与该计划提供4.9亿欧元的资源。约40%的国家预算投资将成为对人力资源的投资。可以预见,到2013年年底,大约有25万人将通过教育培训以及信息和经验交流实现国际流动而受益。

土耳其继续参加该计划应与终身学习的理念相融合。欧洲联盟教育和青年计划局的目的是提出一些规定,根据仍在进行筹备工作的新组织法,允许这些活动扩展到欧盟以外的国家,如同许多欧洲国家一样进行参与。

优先事项16:支持终身学习活动,以促进老年人参与社会和经济生活

政策包括通过培训、教育、更新教育以及与老年人职业指导和安置服务相关的终身平等机会,促进他们在终身学习活动范围内为国家的发展做出贡献,但政策仍无法达到理想水平。

公共和私营部门在国家教育部的监督下正在通过公共教育、学徒教育、远程教育、开放小学、开放高中、职业技术开放院校、私人培训机构、私人课程、私立职业和技术课程、私人机动车驾驶员课程,在全国各地开展正规教育活动。但是老年人的活动或老年人受益活动在主题和持续时间方面都没有达到足够的水平。

增加年轻人获得教育的机会将有助于个人的成长,包括提高在老年时期对技术变革的适应能力。应采取措施,促进使老年人受益的技术变革,帮助他们参与这些变革,并根据变革调整自己的情况。

继续教育是必要的,以确保个人和国家的生产能力。终身教育和培训是所有国家确保老年人参与就业的先决条件。

教育、培训和更新教育是劳动者适应工作场所变化的重要决定因素。技术和制度上的变革可能会使劳动者的技能和工作变得不重要。因此,应更加重视向老员工介绍其他令人感兴趣的行业和领域的新发展情况,并确保他们获得新的教育和培训机会。

据观察,当人们逐渐增加新技术,尤其是通信技术的使用时,老年人在适应技术和体制变革方面会比年轻人遇到更多困难。

土耳其是一个人口比例年轻化的国家。然而,在许多欧盟发达国家和经济转型国家中,出现预期寿命超过退休年龄,出生率下降,年龄歧视,更少的年轻人进入劳动力市场等问题,这使得劳动力市场老龄化和提前退休趋势的上升成为必然。

如果预计未来几年土耳其人口的寿命比发达国家更长,并且因此退休的老年人人数增加,未来将不可避免地需要提供老年人积极参与社会和发展的进程,促进劳动力市场受益于老年劳动力,涵盖老年人的信息途径,提高教育和培训要求,促进老年人和年轻一代的团结,以及消除老年贫困并提供收入保障。

土耳其新的政策支持灵活退休,新的工作安排,准备适当的工作环境,基于个人的各年龄阶段的经验和能力促进老年人就业能力的延长(如残疾老年人的职业康复),注重老年人获得信息、教育和发展的途径,以及在老年人使用新技术,特别是日益普及的信息技术时,不会面临比年轻人更大的困难。

四、结论

在这份战略文件的介绍中已经说明了目标是在土耳其建立一个终身学习系统,以使已建立的系统具有功能性和可持续性。本文提出了一个总体框架,有助于形成终身学习系统。强调为了建立该系统,就终身学习方面必须在社区中达成共识。随后解决了其他问题,即为实现学习和方法开发的学习环境做准备,这将促进学习进步、学生的经验评估、相关领域的认证以及国家和国际层面的有效性。在该文件中提出的模式范围内,预计当局将根据对环境负责的态度履行其任务,以便几乎每个居住在土耳其的人都能进入该系统,并确保他们根据兴趣和需要实现可持续的发展,以及在国家和国际层面获得知识、技能和经验。

在编写文件时,采用的主要原则是确定社区的需求和利益,制定政策、创制法律、运作立法,更新计划,通过各种方法将这些原则纳入提供劳动力和财政支持乃至到实施阶段的整个过程。此外,在文件中可以预见,要建立的系统将在一定水平上保持连续性,以涵盖社会的期望,内容包括社会的所有部分,具有透明性和可靠性,并符合欧洲国家的实施标准。预计这种理念也将纳入实施过程。如果文件投入实施并建立终身学习系统,则应首先让个人受益;另外,还应为国家经济、社会、文化和政治的发展做出贡献。一些重要的贡献可以按顺序列出:首先,在将个人安置在终身学习系统的计划中之后,期望他获得学习习惯,通过学习获得知识、技能和经验方面的新能力,他会在需要的时候在相应领域内运用其能力。因此,个人的能力背景应该丰富,应当有能力在不同的部门工作,雇主应能够更容易地找到他们想寻找的人。在这方面,文件将对土耳其形成一个新的且更有效的就业组织有所帮助。

在该文件中,可以预见到各种学习环境已经准备就绪,并在知识、技能和经验方面丰富学习者在各个领域的背景。这将有助于学习者更好地了解自己,弥补自己的不足,并获得自信。因此,学习者应该能够更容易地从遇到的机会中受益,并且应该确保他对生活中的行动和对这些行动的管理做出更合理的决定。此外,个人应该对新领域的研究、评估、调查和开发方面更有兴趣。如果我们建立终身学习系统,毫无疑问,个人在知识、技能、态度和行为方面将会有所不同。这个差异主要是为更好地了解自己,包括了解优点和缺点,弥补不足以及为形成合理的生活标准做出努力。由于努力,个人不仅会在一个领域获得成就,还会在许多其他领域有所建树。这将为个人创造新的就业机会。尤其是失业、没有资格或缺乏资格的人将受益于这样的环境。

叙利亚

阿拉伯叙利亚共和国,简称"叙利亚",位于亚洲大陆西部,地中海东岸。北靠土耳其,东南邻伊拉克,南连约旦,西南与黎巴嫩、以色列接壤,西与塞浦路斯隔海相望。

北部地区属亚热带地中海气候,南部地区属热带沙漠气候。沙漠地区冬季雨量较少,夏季干燥炎热。

叙利亚主要有石油、天然气、磷酸盐、岩盐、沥青等。已探明石油储量25亿桶。工业基础较薄弱。现有工业分为采掘工业、加工工业和水电工业。开掘工业主要有石油、天然气、磷酸盐、大理石等。加工工业主要有纺织、食品、皮革、化工、水泥、烟草等。叙利亚是中东地区农业大国。2011年局势动荡前,叙利亚农业耕种面积473.6万公顷,农业人口约440万,主要粮食作物有小麦、大麦、玉米等,主要经济作物有棉花、豆类、甜菜、烟草等,主要畜牧品种有牛、绵羊、山羊、鸡等。2011年局势动荡后,叙利亚农业发展受到严重影响,农产品、畜牧产品产量锐减。

2012年2月,叙利亚举行公投,通过新宪法,主要内容包括:国家政治制度以多元化为原则,改一党制为多党制;通过投票实施政权民主,总统由人民直接选举产生,任期7年,只能连任一次等。

叙利亚普及小学义务教育,初中基本实行义务教育。男生从大学毕业后要到军队服役2年才能拿到文凭,女生毕业后即可拿到文凭。全国有4所综合性大学:大马士革大学、阿勒颇大学、十月大学和复兴大学。

注:以上资料数据参考依据为中国外交部官方网站叙利亚国家概况(2020年10月更新)。

叙利亚千年发展计划（初等教育普及化）

第一次千年发展计划　实现初等教育普及化
（2003年）

确保到2015年，全国各地的儿童，无论男孩还是女孩，都能够完成小学全部课程。

一、数据

人力资源开发投资是建设现代经济的主要投资因素。在实现更加光明和更加繁荣的未来的过程中，教育在生活和国家进步中的作用也变得越来越重要。

叙利亚源于其对人力资源开发重要性的信念，特别关注教育战略，尤其是基础教育。它正在努力延长教育阶段，以覆盖所有人口。1981年通过了《义务初等教育法》。它强调教育是免费的，对城乡及男女传播教育的影响最大。因此，这有助于缩小差距，实现这些地区人口之间的平等。

基础教育的毛入学率从1990年的约101%上升到2000年的103%，这是实施了《义务教育法》的直接结果。初等教育（6～11岁）的净入学率从1990年的95.4%上升到2000年的98.7%。2000年，城市地区的入学率（99.1%）高于农村地区的（98.3%）。男性和女性之间的差异可以忽略不计。男性占98.9%，女性占98.5%。这种增长带动着教职员工人数的增加。2000年的学校数量是17 331所；教职员工人数为210 041人。

对最贫困地区人民的教育问题给予更多关注。2000年草原上的固定学校数量为334所；流动学校的数量为64所，其中43所为面包车，21所为帐篷。

尽管如此，仍然有学生在这个阶段辍学。通过一年级到六年级学生的比例就可以看出这一点。1990年为84%，2000年下降到83.1%。国家通过增强人们的意识和增加覆盖初高中教育的义务教育年限，最大限度地降低辍学率。在2002年通过基础教育阶段（9学年）的第32号《义务教育法》，以及禁止15岁以下儿童就业、16岁以下有体力要求的工作的法律法规。

15～24岁年龄组的识字率从1990年的88.0%上升到2000年的94.8%。这反映了国家为改善人口教育付出的努力，以及政府和非政府组织在消除文盲方面开展的高级课程的作用。这也表现了人们对教育重要性的认识。

1990—2000年对叙利亚基础教育状况的研究表明：

1. 这个阶段实施的义务教育实现了大规模量化发展；
2. 全国各地的女性入学率有所提高；

3.通过完善教育过程的内容,努力改进教学方法,促进课程的现代化,为优秀学生创建单独学校,实行班主任制度,以及实施心理与社会指导体系,以加强对教育质量的重视。

二、挑战

尽管在教育和消除文盲方面取得了成就,但叙利亚在努力彻底消除文盲和减少基础教育辍学人数,以在2015年实现全面教育目标方面仍然存在挑战。这些挑战中最重要的包括:

1.由于人口增长率较高,需要在现阶段以能够吸纳更多学生的新学校和建筑物更换旧学校和建筑物;

2.提供必要的现代教育设施,提高教育质量,制定顺应当前和未来发展的教育和技术领域的学校课程;

3.向负责教育过程的人员提供适当和持续的培训,使他们能够应对最近的发展;

4.继续对游牧民的子女进行教育;

5.加强措施,提高个人、家庭和整个社会对教育重要性的认识,促进减少在基础教育阶段的辍学人数,尤其是女性辍学人数,并从源头上消除文盲。

三、国内外资源需求

通过关于将基础义务教育扩大到九年级的法令,需要额外的资源,并增加教育拨款。九年级的基础教育免费提供书籍;从五年级到九年级,基础教育第二阶段的专业教师需要覆盖所有叙利亚学校。还需要更多的建筑物将基础教育的第一和第二阶段的儿童分隔开来。这是为了在2015年之前,在男女两性和城乡地区两方面实现基础教育阶段100%的入学率。

第二次千年发展计划　实现初等教育普及化
(2005年)

确保到2015年,全国各地的儿童,无论男孩还是女孩,都能够完成小学全部课程。

三十多年来,叙利亚一直在努力实现民主教育的原则,将其与全面发展联系起来,并使其所有男性和女性拥有受国家保障的权利。叙利亚根据1981年第35号法实施义务教育,该法规定叙利亚6~11岁的儿童入读小学。由于初等教育阶段辍学率很高,因此必须要求将义务教育延长至第九年。叙利亚颁布了2002年第32号法,将小学和中学教育划为一个阶段,称其为基础教育阶段。因此,义务教育现在从第一年延长到了第九年。

一、研究取得的进展

在下文中,我们讨论教育中的三个主要指标,即初等教育的净入学率、达到第六年的学生比例以及15~24岁年龄组的识字率。

指标1：初等教育的净入学率

数据表明，1990年至2004年在国家层面（6～11岁）的这一比率取得了显著进步。1995年为95.4%，在2004年达到98.0%，从而实现了该年度的阶段目标。这意味着在2004年未参加基础教育的学生比例不超过上述年龄组的2%。在这一年，入学女生的比例达到了97.9%，从而实现了既定目标。

参加基础教育的6～11岁年龄组儿童比例因省而异。2004年，拉卡省（93.2%）、代尔祖尔省（93.4%）和哈塞克省（94.8%）的比例较低。这是由于一些家长对教育问题的社会意识水平较低。这也是由于与牧场有关的家庭流动以及寻找收入来源以支付家庭开支等，例如在其常住地以外的地区进行农作。然而，在大马士革市、塔尔图斯省和库奈特拉省，这一比例超过了99%。

指标2：达到第六年的学生比例

数据显示，1993年的这一比例为93.0%，其中男性为96.0%，女性为89.0%。在2004年，百分比分别为88.5%和89.0%。这些数字表明两性之间的差距缩小到一个百分点。另一方面，如果2004年达到第六年教育的学生的目标比例是96.9%，即98.2%的男性和95.2%的女性，很明显2004年没有达到这个比例。这表明，由于经济、社会和教育原因，辍学情况在初等教育阶段仍在继续。

达到第六年教育的人口比例在各省份之间有时会表现出巨大差异。有些省份在2004年达到100%，如拉塔基亚省、塔尔图斯省和苏韦达省，而有的省份仍然较低，如阿勒颇省（76.0%）、拉卡省（82.0%）和哈塞克省（85.0%）。在一些省份，女性的比例仍然低于男性。只有拉塔基亚省、塔尔图斯省和苏韦达省实现了2004年的阶段目标，霍姆斯省接近实现这一目标。其他省份都没有实现预期的目标。阿勒颇省表现出最大的差距，比预计的目标低了21.8个百分点。哈塞克省与拉卡省的实际与预计目标之间的差距很大，分别差了7.5个百分点和7.4个百分点。

指标3：15～24岁年龄组的识字率

在全国范围内，这一比率在1990年为88.0%，2004年为92.0%，也没有实现预期目标的94.7%。2004年的识字率比男性目标低了1个百分点，比女性目标低了3.9个百分点。这表明对女性在教育和识字方面的偏见需要集中更多的努力来教育女性并消除其中的文盲。

收集的数据表明，东部地区和阿勒颇省的15～25岁年龄组的识字率较低。在代尔祖尔省，这一比例在男女总的比例中占87.3%，但女性比例则不超过70.2%。在阿勒颇省的乡村，男女总识字率为85.5%，但女性只有80.1%，而在大马士革市和库奈特拉省，这一比例上升到99.0%。这要求识字率较低的省份集中努力，以便促进这些地区的识字率达到更高的水平。

二、阻碍因素

1. 人口增长率仍然相对较高,这就需要每年建造许多学校,以满足现阶段越来越多学生的需求。
2. 基础教育阶段的辍学率仍然相对较高,原因如下:

(1) 经济原因,特别是社会贫困率高、童工现象的蔓延、文盲群体的失业以及学习的不良结果。

(2) 社会原因,特别是对女性的偏见,以及缺乏对教育重要性的认识。

(3) 教育原因,包括教师和学生之间关系不良、传统的教学方法、学生的持续性挫败感、学校和家长之间缺乏合作,以及缺乏关于子女教育状况的家庭后续行动。

3. 在国家总预算中为教育分配的份额较小。
4. 存在大量文盲,尤其是母亲身份者。
5. 一些高级教育官员的教育能力有待增强。
6. 各省之间教育水平和提供教育服务存在差异。

三、促进因素

1. 颁布 2002 年第 32 号法,将两个阶段结合起来:初等和中等教育阶段合二为一,称为基础教育,并使其成为免费和义务的教育。
2. 在学校课程中引入信息学并在社会中广泛应用。
3. 农村地区的学校数量增加,以及农村地区的教育普及,城市地区在各个教育阶段的入学率都实现了平等。
4. 颁布《私立教育法》,使私营部门能够积极促进实现理想的教育目标。

四、战略干预

对教育指标价值实现的现状和进展情况的分析表明,在叙利亚实现所希望的千年发展目标,有两个主要问题,即辍学和文盲问题。两者交织在一起,每一个都增加了另一个问题的强度。因此,有必要采取有效措施来解决这些问题。以下是这方面的一些建议:

(1) 帮助失业的学生父母获得就业机会,并实施《童工法》。

(2) 敦促家长和当地社区表现出对学校的兴趣,并参与学校的事务。还应该开展一场家庭意识的活动。

(3) 提供靠近儿童居住地的学校建筑,配备现代化的技术设备和适当的设施。

(4) 增加教育支出。

(5) 改进教学方法和课程。

(6) 让从事社会和经济活动的人参与评估和开发教育课程。

(7) 寻找适当的方法来实施义务教育并阻止任何形式的辍学。

(8) 制订全面的国家计划,在规定的时间内消除文盲,并提供促进此类计划的成功要求。

(9)将注意力集中在教育领域较为落后的地区,给予它们更多的经济和其他形式的支持,特别是通过国际机构的捐赠。

显然,政府部门、民间社会、私营部门和捐助者应该共同努力,以实现全面基础教育的预期目标。正如我们所看到的,可以利用许多促进因素来实现这一目标。

第三次千年发展计划　实现初等教育普及化（2010年）

确保所有儿童(男孩和女孩)获得初等教育对于提高儿童的能力至关重要,这对改善他们的生活和未来具有直接影响。为了确保这一目标,叙利亚的政策旨在实现所有学龄儿童的普遍入学,确保所有儿童完成小学教育,并防止已经入学的学生辍学。

具体目标:确保到2015年,全国各地的儿童,无论男孩还是女孩,都能够完成小学全部课程。

小学教育净入学率(6～11岁)、达到五年级的学生比例以及15～24岁年龄组人口(男性和女性)的识字率均有所提高。这些结果表明很好地减少了性别差异。然而,鉴于只有第一个指标正在按计划实现这一目标,现有的挑战仍然存在。

指标1:小学教育净入学率(6～11岁)

小学教育净入学率从1990年的95.4%上升到2006年的98.0%和2008年的99.0%。此外,男女两性的净入学率都有所提高,男性的比例从1990年的95.6%上升到2006年的98.0%和2008年的99.0%,女性的比例从1990年的95.2%上升至2006年的97.7%和2008年的98.0%。令人鼓舞的是,在本报告所述期间,该指标在男性和女性之间几乎没有任何差距。叙利亚该指标的发展从2006年的97.8%增加到2008年的99.0%,正处在实现100%的千年发展目标的轨道上。

虽然该指标在2008年达到了99.0%的国家目标,但叙利亚各省之间仍存在差异。大马士革、塔尔图斯省、大马士革农村省(99.1%)、拉塔基亚省和苏韦达省(99.5%)等省份超过了目标,而东部各省的表现则并不理想,代尔祖尔省为93.8%,哈塞克省是90.0%,拉卡省是94.0%。

统计数据表明,在教育服务的可获得性方面取得了进展,但叙利亚教育过程的质量方面仍需要进一步做出努力。叙利亚的小学教育净入学率在1990年达到95.4%,2004年上升到97.9%,与其他阿拉伯国家相比,叙利亚取得了实质性进展。

与其他阿拉伯国家相比,如阿尔及利亚、突尼斯、巴林(97%)、吉布提(33%)、约旦(89%)、科威特(87%)、阿曼(76%)和沙特阿拉伯(78%),2004年和2005年的数据表明,叙利亚在小学教育净入学率方面,是阿拉伯地区的领先者。

指标2:达到五年级的学生比例

该指标衡量的是教育系统成功地保留从一个年级升入下一个年级的学生以及其内

部效率。关于保留学生的数据显示,达到五年级的学生比例从1990年的93.0%上升到2008年的95.3%。该指标的趋势意味着实现100%的千年发展目标面临的挑战。按性别分列表明了缩小性别差距的趋势。男性比例从1990年的96.0%下降到2006年的91.0%,但在2008年再次上升到96.0%。相比之下,女性的比例从1990年的89.0%增长到2006年的90.0%和2008年的94.4%,这表明在2006—2008年期间的性别差距有所减少。然而,该指标突出了初等教育的辍学问题,并强调必须对其背后的原因进行处理。

与其他阿拉伯国家相比,叙利亚五年级学生的比例为92%,而巴林为99%,约旦和黎巴嫩为96%,科摩罗为80%,毛里塔尼亚为53%。

指标3:15~24岁年龄组人口(男性和女性)的识字率

叙利亚15~24岁人口(男性和女性)的识字率从1990年的88.0%上升到2006年的95.7%,随后在2008年下降到94.5%。除了2008年的增长外,该指标在1990年至2006年间的性别差异很明显。从性别分布来看,男性的比率从1990年的90.1%上升到2006年的96.6%,2008年下降到95.9%。在女性方面,这一比率从1990年的86.6%上升到2006年的94.6%,并在2008年下降到92.9%。

在省级层面,库奈特拉省、塔尔图斯省、苏韦达省和拉塔基亚省是识字水平较高的省份,而拉卡省和代尔祖尔省是较低的省份。

1990年至2006年与阿拉伯地区的比较表明,叙利亚在15~24岁的识字率方面表现良好,2005年的比率达到92.6%,而科威特为99.7%;阿拉伯联合酋长国、巴林和阿曼是97.0%;约旦和巴勒斯坦为99.0%;毛里塔尼亚为61.3%。

黎巴嫩

黎巴嫩共和国，简称"黎巴嫩"。位于亚洲西南部地中海东岸。东、北部邻叙利亚，南界巴勒斯坦、以色列，西濒地中海。海岸线长220公里。沿海夏季炎热潮湿，冬季温暖。

黎巴嫩实行自由、开放的市场经济，私营经济占主导地位。黎巴嫩内战前曾享有中、近东金融、贸易、交通和旅游中心的盛名，但16年内战加之以色列入侵，造成直接和间接经济损失约1650亿美元。黎巴嫩工业基础相对薄弱，以加工业为主。农业欠发达，农产品以水果和蔬菜为主。黎巴嫩粮食生产落后，主要靠进口，作物有大麦、小麦、玉米、马铃薯等。经济作物有烟草、甜菜、橄榄等。外贸在黎巴嫩国民经济中占有重要地位，政府实行对外开放与保护民族经济相协调的外贸政策。出口商品主要有蔬菜、水果、金属制品、纺织品、化工产品、玻璃制品和水泥等。

黎巴嫩是议会民主共和国。议会实行一院制，现有128个议席。主要职能是制定法律、修改宪法、选举总统、批准总理和阁员人选及审议国家财政预算和对外条约及协定。

黎巴嫩全国有中小学2704所，在校学生76万余名，教师6万余名。各类高等院校共计41所，其中综合大学4所。黎巴嫩大学是唯一国立综合大学，1953年创建。贝鲁特阿拉伯大学创办于1960年。贝鲁特美国大学由美国教会创建于1866年，用英语授课。圣·约瑟大学1881年建立，用法语授课，设有孔子学院。

注：以上资料数据参考依据为中国外交部官方网站黎巴嫩国家概况（2020年10月更新）。

黎巴嫩的高等教育系统

一、总述

(一)国家高等教育的主要特点

黎巴嫩的高等教育历史悠久,可以追溯到1866年。当时是以叙利亚福音派学院的名义建立的贝鲁特美国大学,随后又相继建立圣·约瑟大学和黎巴嫩美国大学,以及为女性建立贝鲁特大学。黎巴嫩大学是这个国家唯一的公立大学。海格齐安大学成立于1955年,随后1960年建立贝鲁特阿拉伯大学,与埃及亚历山大大学合作成立。2012年在黎巴嫩的高等教育机构中,大部分是在20世纪90年代末被合法化的,1975年到1990年黎巴嫩持续内战之后,当时的私营部门突然迅速扩张,对这个国家的高等教育领域产生了巨大的影响。

黎巴嫩高等教育的自由和独立受到宪法的保护。黎巴嫩的高等教育分为两类:职业高等教育和普通高等教育(非职业高等教育)。

1. 关于高等教育领域的立法

非职业高等教育简称"普通高等教育",由教育和高等教育部(Ministry of Education and Higher Education,MEHE)负责管理。1961年通过了管理私立高等教育部门的主要法律,设立了高等教育委员会,并批准成立了新的高等教育机构。黎巴嫩大学是自治的,并且有其自身的自治结构。

随后又通过了众多管理该部门的法令。1996年出台的法令与1961年法令相比更加现代化,并规定了高等教育机构的条件和标准,使其更加合法化,允许其运作并由专门的技术委员会进行管理。其中一条法令规定了一种建立"大学技术学院"的标准。另一条法令设立了用于认可和识别文凭的委员会,自1957年以来就实施了一个办法,即通过联合委员会,负责管理大学前教育和高等教育,以实现教育资格的均等。1957年以来,其他管理某些职业的法律已经存在,如医学和工程方面的法律。

2002年,成立了高等教育总局,以管理私立高等教育部门,并且监督和协调所有与之相关的活动。高等教育总局2012年在国内负责管理41所私立高等教育机构,而唯一的黎巴嫩大学则拥有着明确的自治制度和自主管理制度。

根据2010—2011年度的数据,接受高等教育的学生人数大约有19.5万人。其中39%的学生被黎巴嫩大学录取,53%的大学生是女性。

2003年,高等教育总局首次对私立大学进行了评估。2010年,高等教育总局对不同高等教育机构(33所分支机构)开设的新的分支机构进行了第二次的审查和评估。

2010年起草的一项法律，提交给政府并获得批准，要求在机构中实施质量保证程序，从而形成一种认证制度。另一项建立质量保证机构的法律已经起草并提交给了政府。

2. 高等教育机构的类型

有两种高等教育机构的类型：

（1）一所大学必须至少有三个学院，其中应该有一个人文科学学院、一个科学学院。这两个学院可以授予从学士学位到博士学位的所有学位。

（2）大学技术学院或大学学院至少有一个院系，大部分授予理学学士学位，少数学院可以提供更高的学位。

在黎巴嫩的42所高等教育机构中，一共有32所大学，其中包括国立黎巴嫩大学，7所大学研究院或学院以及3所大学宗教研究所。

3. 高等职业教育

高等职业教育完全由职业技术总局（Directorate General for Vocational and Technical Education，DGVTE）管理。由于它不被认为是高等教育领域的一部分，因此在本报告中不会详细讨论它。简而言之，高等职业教育是由公立和私立技术学校提供的。已成功完成普通中学教育或拥有专业学士学位（学士学位）的学生有资格继续取得下列文凭之一：TS（高等技术教育）（经过3年和31个领域的研究学习）；LT（技术许可证）；IT或LET（技术教育许可证）（经过2年和9个领域的研究学习）。有11％的大学生报名参加了高等职业教育。然而，从职业教育到非职业教育的过渡体制并不完善，只有少数高等教育机构接受了取得职业学校学位的学生。关于是否允许职业技术教育的毕业生进入大学，一直以来都是普通教育与职业技术教育之间的一个争论。然而却没有明确的愿景和机制去组织这一进程。通过"门户开放"的高等教育政策来鼓励职业技术教育学生和学员，从而为这些职业技术教育毕业生通往高等教育研究机构奠定基础。高等职业教育的学生，公共部门中大约有1.45万人，私立部门中大约有1.16万人，与2010年相比有所减少。

4. 高等教育课程和资格类型

私营部门提供了160门课程，从而派生出众多的资格类型。高等教育提供的第一学历是继中学毕业后经过3年的学习而获得的学士（理学学士或文学学士）学位。学生需要至少2年的学习才能获得硕士（理学硕士或文学硕士）学位。本科毕业后，经过4年的学习可以获得教师资格（Teaching Diploma，TD）。硕士研究生至少经过3年的学习时间才能获得博士学位。本科毕业后，获得医学和工程学学士学位所要求的时间各不相同：5年攻读工程学士学位，7年攻读医学学士学位（医学文凭），5年攻读牙科或药学学士学位，4年攻读物理治疗学学士学位。黎巴嫩大学有17个学院，由50个分支机构组成，分布在全国各地。它提供了105个课程，具有授予从学士到博士的资格。

根据2010—2011年度的数据，有17.5万名学生修读了学士学位课程，1.75万名学生修读了硕士学位课程，2 500名学生攻读博士课程并获得博士学位。

高等教育总入学率("国际标准教育分类法"5级和6级)为51.6%(世界银行数据库)。20~24岁的入学率为30%。

(二)责任的分配

教育和高等教育部负责管理该国所有的高等教育事务。高度集中的黎巴嫩大学享有自主地位。尽管黎巴嫩大学学院的许多分支机构遍布全国,但管理这些学院的责任由院长掌握,而大学管理层由大学管理委员会负责。

包括41所高等教育机构在内的私营部门受1960年法律管辖。它在高等教育总局的监督下运作。除了学院提供的许可证和学位、学科的认证必须由高等教育总局认证以外,其他所有的责任都由各机构的管理机构负责。

(三)高等教育机构的管理机构

黎巴嫩大学是一个由校长领导的大型集权机构,由大学理事会管理,每个大学院系由院长和一名由学院教职人员选出的学者代表进行管理。在理事会中应有两名学生代表,两名政府代表。理事会中还包括三名由政府选定的独立合格专家。校长、大学理事会和学院院长,对大学的管理有很大的影响力。每个院长通过该院系的主任管理他的教师分支部门。因此通过这样一个严谨的层次结构,管理是非常集中的。

长久以来,该国长期存在的政治局势破坏了黎巴嫩大学学生会的连任,剥夺了学生在大学理事会中的正式代表权。

私营部门的情况没有太大的差别。大部分大学都是在首都贝鲁特开设的,少部分开设于贝鲁特以外的地区,例如的黎波里的巴拉曼大学或者黎巴嫩山的哈里里加拿大大学。2012年左右,随着对高等教育的需求日益增加,大学开始在黎巴嫩的其他地区开设分校,由学术人员管理,直接向大学的行政部门报告。

在私立部门,每一所大学按法律必须设立理事会,其中三分之二的成员必须来自所有者的圈子以外。一个大学学院或者机构应该有理事会。同时一个大学还要设立负责整个学院管理工作的大学委员会。所有这些委员会都有学生代表,而且每个学部都有一个学部委员会,每个部门都有一个部门委员会。在不同的机构之间有效地执行这种层次结构的重要性是不同的。在大多数黎巴嫩高等教育机构中,管理机构中缺少其他利益相关者的情况是很明显的。一些具有宗教背景及通常由教会或其他教派建立的机构受制于一种特殊的管理制度,这与该教派的神职人员所实行的制度有关。

(四)融资

由于黎巴嫩制度的特殊性,不可能掌握到大学的可靠和准确的财务信息,甚至无法提供给公共当局使用。然而事实上,从一般意义上讲,高等教育支出可以分为政府支出、家庭支出和外部或私人赠款。政府直接用于高等教育的支出不超过国内生产总值的0.5%,低于经合组织(OECD)国家和中等收入国家1.0%的平均水平。主要的政府直接支出流向了黎巴嫩大学、教育和高等教育部、国家科学研究委员会(Conseil

National pour la Recherche Scientifique,CNRS),并且资助了一些双边项目,如法国的"西德尔"会议(全称为"通过改革和企业参与推动发展的经济会议")。间接支出主要包括政府的教育津贴和分配给政府雇员的教育津贴,在政府特定水平上,用于支付私立机构学生的学费。大约75%的公务员由政府补贴,以便让他们的子女在被认为质量更好的私立大学就学。这些教育津贴占政府支出相当大的一部分。而且,政府向学生提供的奖学金也包含在这笔开支当中。由于私立教育的广泛存在和普及,黎巴嫩的家庭教育支出远远超过了各级政府的教育支出。

除政府和家庭支出外,第三个资金来源来自外部或私人赠款。这并不是微不足道的,尤其是在高等教育阶段。

一些大学(主要是贝鲁特美国大学和巴拉曼大学)效仿美国大学的模式,在捐资和赠品方面受益,包括资助建筑、设备、项目和奖学金。贝鲁特美国大学的资金,其账户是可利用的,2010年的资金数目达到总收入的3%。

外国政府通过提供教授、教材或者联合项目,对一些大学和学校给予了援助。

许多慈善或政治基金会和一些外国政府向学生提供奖学金。许多的黎巴嫩学生选择出国留学,特别是选择去可免费接受高等教育的国家。圣若瑟大学在2002年进行的一项调查显示,出国留学的黎巴嫩学生人数估计为12 500人,其中37%的人选择去西欧,30%的人选择去北美,20%的人选择去东欧。

最后,许多属于宗教团体的学校和大学不仅提供了土地资源,还提供了维持宗教秩序成员,即教师或行政工作人员(牧师和修女)的劳动力成本。

评估这一补充融资的价值并不是容易的,但是6 000万欧元是一个比较合理的估价。

三种教育经费的来源结合起来的(根据数据的可用性和代表性计算出2004—2005年度的)具体情况如下:在黎巴嫩每年约有7.18亿欧元用于高等教育(职业的和非职业的)。公共支出仅占高等教育总支出的16%。补充援助占高等教育经费筹措的9%。

关于年龄结构和招生水平,平均每个学生每年在高等教育上的花费是680万黎巴嫩镑(约合3 500欧元或相当于人均GDP的84%)。

(五)学生贡献和财政支持

黎巴嫩大学的教育几乎是免费的,教育费用仅占总预算的6.5%。学生入学费用相当于平均每人每年200欧元,学费是私立大学的主要资金来源。免除学生学费需要考虑学生数量和社会因素,可以通过让学生在大学内开展一些实习活动的形式来免除学生的学费。对高等教育学生家长的财政援助是支付给国家雇员以及私营部门雇员的。

(六)许可证、质量保证和认证机构和方案

在国家层面上没有适当的质量保证和认证机制。一些高等教育机构已经开始在其组织中实施内部质量控制;一些机构正在接受来自美国和欧洲的外部国际机构的认证。

教育和高等教育部在其传统的许可机制中引进了一些质量保证程序,旨在建立一个高等教育机构。许可机制通过高等教育委员会和相关技术委员会应用于教育和高等教育部。这个过程从接收一个文件开始,该文件应该由专门的技术委员会进行分析,该委员会会生成一份报告并对档案进行跟踪。根据技术委员会的报告,高等教育委员会提出了一项许可建议。关于高等教育机构许可的最终决定由部长会议负责。启动许可过程,随后进行一次审核访问或实地访问,以核实该机构是否遵守许可标准,从而确认是否承认这些方案和颁发给学生文凭。

(七)准入规则

一般来说,中学文凭(学士学位)或者同等学力,是进入高等教育机构的最低入学要求。

凡持有中学文凭的学生均可以在高等教育机构入学。工程、医学、工商管理、艺术以及公共卫生等学院的学生都需要参加数学原理的入学考试。

大多数私立大学没有入学考试。一些大学有不同的录取标准,比如根据掌握学习计划语言的程度。一个学生要获得美国式大学的入学资格,他们除了拥有中学文凭外还应通过特定的考试,比如托福或者SAT1和SAT2。

只有和黎巴嫩大学联合的法国国立艺术学院提供特殊的教学方案,即在夜校里为白天工作的人上课。以前,录取是在入学考试的基础上进行的,但是最近,更多灵活的录取标准已经被应用。

(八)学年组织

没有标准的方法来确定学年组织,不同大学之间的情况是不同的。在黎巴嫩大学,由大学理事会决定学年的开始与结束以及学期组织、考试周期和课间休息。对具有特殊特征的学院给予一定程度的灵活性,如工程学和医学。

在私营部门,每所大学按自己的方式决定如何组织学年。上一年九月至下一年七月是最常见的学年结构。遵循美国式教育的高等教育机构还会有一个额外的暑期学期。两学期制是常见的,一般由在二月左右的考试期隔开。

(九)课程内容

课程内容在机构层面进行定义,并由教育部对等委员会(the Equivalence Committee at the Ministry)批准。课程内容的总体框架被定义为:核心课程必须至少涵盖全部课程的40%,再加上一般要求的25%,其余课程应包括师资要求和选修课(普通课程和实地课程)。没有国家框架来界定这些课程。无论是私立大学还是公立大学,只有在法学院有大约12门必修课,同时必修课必须包含在所有高等教育机构的课程中。黎巴嫩大学的学者在全国范围内对这些课程进行评估。

(十)评估、进展、认证、学位

对学生最常见的评估形式是每门课程结束时进行的标准考试。没有任何的机制允许承认或认可先前的实验性学习。为了获得医疗专业执业许可,除了每年两次举行的学术讨论会以外,高等教育部门没有国家考试。进入硕士课程的学习需要完成学士学位,硕士学位是进行博士研究的先决条件。

(十一)学术人员

在高等教育中有五类学术人员:
(1)拥有博士学位、10年的工作经验和超过10篇论文的正教授;
(2)拥有博士学位、5年以上的工作经验和超过8篇论文的副教授;
(3)拥有博士学位、3年以上的工作经验和3篇论文的助理教授;
(4)有博士学位的讲师;
(5)助教的职位可能由攻读博士学位的研究生担任。

目前尚无选拔学术人员的国家标准。这是一项纯粹以市场为导向的活动。在黎巴嫩大学,学校可以在合同基础上以固定的教学时间或全职合同的形式雇用教师,并签订一个更稳定的合同,每年自动更新或在大学的学术骨干中续签合同。在私营部门,学术人员只能在合同基础上或在机构内的"骨干"范围内雇用。

(十二)研究活动

很难知道有多少资金分配给高等教育的研究。总的来说,研究需要在国家和战略基础上进行结构调整。国家科学研究委员会是国家资助国家一级研究的唯一来源。所有其他研究活动都是由私营机构自己进行的。除了黎巴嫩大学于2008年间设立的三所博士生学校外,黎巴嫩没有任何研究机构,只有五所大学提供博士研究。研究活动是在高等教育机构现有的博士课程范围内进行的,或在黎巴嫩机构与国际合作伙伴之间建立的特别交流计划或双边协定范围内进行的。个别研究人员也可以从CNRS、西德尔会议、法语国家大学联盟提供的资金中受益。

(十三)校企合作

大学与非学术界之间没有结构化的合作。目前正努力朝着这个方向进行初始活动。其中一些活动因欧洲倡议和一些田普斯(Tempus)计划而得到加强。

(十四)国际合作

在黎巴嫩人中,出国旅行是非常普遍的,无论是为了学习还是为了商业活动。

黎巴嫩高等教育的特点是高度的对外开放性。很难找到一个机构没与该地区、欧洲、加拿大或者美国的一个或多个机构签订公约或协议。然而,在黎巴嫩的高等教育研究中,没有国家的政策或措施去促进外来学生流动。只有个别机构因为培训目的而采取主动行动促进外来学生流动。

对于来自其他国家的学生来说,黎巴嫩高等教育机构曾经很有吸引力,尤其是在内战之前;在此之后,该系统丧失了大部分的可信度。现在,黎巴嫩的大学正在恢复声誉,它的外国学生数量正在增加,学生主要来自其他相邻国家。但是高等教育的国际化是另一回事,在每一所大学内,它不仅仅是一个简单的国际关系办公室,它需要被概念化并具体化为战略和行动。

在国际机构内,大学间的合作性很强,但国内大学间的合作却很薄弱。私立院校之间的竞争非常激烈,导致大学之间不愿相互合作。如果进行适当的投资,诸如田普斯和伊拉斯谟计划这样的国际项目可以在加强大学之间的合作方面发挥一定的作用。人们越来越认识到,全球化和共同的挑战,加上昂贵的研究和有限的资源这些问题,只有通过大学之间更多的合作才能应对。

二、当前的挑战和需要

国家教育战略(高等教育是其中的一部分)于2007年起草,得到政府批准,但从未得到议会批准。随后各部委制订的行动计划一直试图遵循这一战略的总体方向。它要求加强无障碍环境,建立现代认证系统,建立评价和质量保证的国家参考标准,实施国家文凭认证政策,提高黎巴嫩大学的教学质量,改革高等职业教育,实施多样化方案,促进大学与企业的合作,加强对研究的支持和提高公共部门的体制化能力。可以修改这一战略,并制定一项新的战略,具体针对高等教育的需要,并辅之以一系列周详的行动计划。

第二个战略文件涉及私立高等教育部门的重组。它得到了政府批准,但是仍在议会讨论中。黎巴嫩公立大学的改组法律遭到议会的阻挠,似乎没有任何获得批准的机会。这所黎巴嫩公立大学总是受制于政治分歧。通过起草一项设立黎巴嫩高等教育质量保证局的法律,可以向前迈出重要的一步。目前正在进行的讨论表明,这项法律可能有获得通过的机会。

黎巴嫩高等教育部门目前面临的主要挑战可概括如下:

(1)高等教育部门在20世纪90年代所经历的迅速扩张对这一部门的发展产生了许多影响;

(2)由于缺乏最新的监管措施,课程相关性、质量控制和认证问题也随之产生。

(3)这一行业正在面临激烈的国家、地区和国际竞争的压力。地方大学之间缺乏合作会对研究活动造成负面影响,研究活动需要更有条理的协调并应符合国家的总体战略。

(4)如果就业能力是每一所大学关注的问题之一,那么在黎巴嫩缺乏国家资格框架会是一个更大的问题。

最近举办的许多研讨会提高了对质量等问题的认识,比如高等教育质量保证和认证以及满足流动性和就业能力要求的国家资格框架。

欧盟高等教育部门的现代化议程是该国所有这些举措中最鼓舞人心的。几乎所有黎巴嫩的高等教育机构都已转向三周期学分系统。虽然"学分"的定义尚未完全建立,并且根据每个机构背景的不同会有不同的解释,但一些著名的机构正在努力将学分体系转化为欧洲学分制。实施过程中面临的主要挑战是最大的大学黎巴嫩大学,在实施过程中有些混乱，而且没有这个领域的专门知识。必须重新评价这一经验，并在不同院系之间进行协调，并立即予以纠正。

三、参与欧盟计划

(一) 田普斯计划

黎巴嫩自 2002 年起参与田普斯计划。

1. 统计资料（略）

2. 田普斯计划的影响

田普斯计划自 2002 年开始在黎巴嫩实施起，在黎巴嫩高等教育部门现代化议程中起到了重要作用。迄今为止，田普斯计划已经资助了 39 个项目，并建立了大约 90 个个人流动性基金，促进了新课程的发展，为研究创造新结构，并使得普遍系统的现代化议程成为一个整体。

随着如"黎巴嫩植物多样性和生物技术硕士（2003）""教育与研究合作 IT 程序（2003）""关于可持续能源创新课程（2005）"等项目的进行，田普斯计划促进了现代学科中新的硕士学位的发展，以满足国家和地区的需求。田普斯计划也鼓励大学、非学术组织和劳动力市场之间的合作，通过如"ICOSE（2005）""CITPER（2003）""食品科学与技术专业硕士项目（2005）"等项目，建立了与企业家协会的合作伙伴关系。

虽然田普斯计划没有明确地以研究为目标，但它依旧促进建立了一套研究结构，并在黎巴嫩国立大学创建了三所博士生院。其中的两所博士生院，一个是科学技术领域，另一个是法学领域，都是通过田普斯计划的项目筹备的。

田普斯计划也为国家正在进行的改革开放和现代化建设做出了贡献。由于在 20 世纪 90 年代期间，质量问题成为行业快速扩张的一个重大的利益问题，田普斯计划在推动建立可为国家服务的质量保证机制的课题上已经做出了超越意识层面的行动："黎巴嫩高等教育质量保证（2005）"和"通过黎巴嫩工程计划认证委员会（2006）"。田普斯计划聚集欧盟专业认证来设计黎巴嫩认证委员会工程。有 17 个工程单位共同为建立黎巴嫩认证委员会工程出谋划策。

黎巴嫩高等教育部门与外界有着长期的合作计划。它与一些欧洲国家有着传统关系，但是田普斯计划已经开通了与新的欧盟国家建立伙伴关系的新途径，促进合作方式与认证维度的多元化，并形成更丰富和广泛的文化交流局面。随着田普斯计划 4 的进行，区域合作进度加快，在未来，通过为结构化合作铺平道路，可以提高区域性现代化进程、质量控制水平，并促进地区高等教育领域发展。田普斯计划通过明确高等教育部自身的工作重点，并与高等教育发展战略相一致，增强了当局对现代化议程的所有权。

田普斯计划对于黎巴嫩高等教育部门产生的巨大影响是通过成立于 2008 年的高等教育改革专家小组实现的。该小组在传播博洛尼亚进程原则方面做出了相当大的努力，并正在致力于落实黎巴嫩现代化进程。考虑到国家的政治局势，该小组已经逐步地被划入该部门的规划范围内。教育当局已认识到这是一项重要且有效的工具,有助于为高等教育部门带来变化。最近,该小组在该部门所提出的两项倡议中发挥了重要作用。一个倡议是起草一项创建国家高等教育质量保证机构的法律,另一个的目的是促进黎巴嫩国家证书机构与欧洲培训基金会的合作。

黎巴嫩不是博洛尼亚进程的签约国,但自该进程开始以来,高等教育机构对它表现出极大的兴趣,而且几乎所有机构都已采取措施,使其方案适应三周期系统和基于学分的课程。多维度且多样化的黎巴嫩系统将博洛尼亚进程视为一项激励工具,它有助于协调并采取必要措施来处理流动性问题与识别问题。

尽管如此,仍然有讨论的余地:

(1)在某些情况下,将建议调整为预先设定的优先事项,将会适得其反。黎巴嫩没有自然资源,它的经济并不建立在生产或工业的巨大流水线上,而是基于人力资源推动的各种服务活动。因此,优先考虑的建议是可以通过对一个机构或系统产生巨大影响力,使国家摆脱一些创造性和创新性的想法。高等教育部在确定国家优先事项方面的困难处境,清楚地反映在它必须在两者之间做出选择的事实:

①优先考虑旅游、金融等蓬勃发展的领域,以促进招商。

②支持欠发达的难以招商的薄弱领域。

(2)如果提案由欧盟伙伴发起,而不是由当地学者发起,结果就是针对高等教育部门关键问题的项目数量的减少。

(3)在提案的承诺和构思层次上需要有所作为,以加强和保证所涉机构的项目所有权。

(4)这些项目仅限于大学的圈子,而新兴机构在方案中仍然缺乏代表性。田普斯计划应该形成一个田普斯计划发起者联盟或一些致力于区域性或国际性水平的协会。

(5)田普斯计划大学合作原则尚未完成。即使区域性合作本身仍需检验,也无论它是否是一个可以促成区域成果的真正合作,该方案都应当克服大学(大部分为私立大学)独自工作或逃离区域性合作的倾向。

(6)根据原来提案中的规定,总体目标和具体目标都超过了田普斯计划的资金支持,因而该项目的可持续性值得警惕。

(二)伊拉斯谟计划

伊拉斯谟计划的目的是根据欧盟为促进高等教育领域第三国可持续发展制定的对外政策,促进欧洲高等教育的发展,有助于改善和提高学生的职业前景,并通过与第三国的合作,促进理解不同的文化。它通过以下三个行动做到这一点:

行动1:伊拉斯谟计划的联合项目(硕士课程和联合博士学位):提供奖学金

伊拉斯谟计划的联合项目由来自欧盟(自2009年)和世界其他地方的高等教育机构公会管理。它们提供一个综合课程,并根据学习和研究所在的两个或两个以上的高等教育机构,提供联合或综合培养文凭。根据提案要求,硕士课程和联合博士学位是每年选定的。目前有 131 个硕士和 34 个博士学位可接受欧盟提供给学生或学者的奖学金或助学金。

行动 2:伊拉斯谟计划的伙伴关系(原对外合作窗口):提供奖学金

在行动 2 中,伊拉斯谟伙伴关系将来自欧洲的高校和来自特定地区的高校,或者地理上的"地段"结合在一起。合作伙伴共同管理两个地区之间(学士,硕士,博士,博士后)和学术人员之间的流动。

行动 3:伊拉斯谟吸引力项目

该行动计划的资助项目,以提高欧洲高等教育在世界范围内的吸引力、形象和知名度为目标。行动 3 为与高等教育各方面的国际层面有关的活动提供支持,如推动进程、成功率、质量保证、学分认可、资格互认、课程开发和流动性等。

黎巴嫩国家教育战略(2006年)

第一部分 指导思想和任务

一、指导思想

公民享有平等地接受义务教育的机会。教育要讲求质量,要有助于信息社会发展、经济发展以及社会融合。

人人享有平等的受教育权利

1. 3~5岁的儿童享有受教育的权利并且可参加公共教育。

2. 基础义务教育实行到15岁;公民有权享受优质教育,国家在这一基础上提供公共教育。教育应惠及每个人,包括有特殊需要的学生。公民有平等的入学机会、继续教育的机会和取得成就的机会。

3. 接受中等教育(普通类和技术类)的学生应平等获得招生入学、继续教育以及成功的机会。并且在中等教育中,学生应有在学术教育和技术教育的专业中选择的权利,以及选择合适的选修课程,以加强其自主能力,从而帮助他们提高受教育水平和增加职业选择的机会。

4. 高等教育(包括技术教育)入学机会平等。允许各部门机构之间的学术流动,以提供支持,适应新趋势和满足教育需要。

发展有助于建设知识型社会的优质教育

5. 教育的基础是高质量的课程、教育机构和教育成果;教育需要符合国家和国际标准。

6. 教育要以处理信息,密集使用信息和通信技术(Information and Communication Technology,ICT)这两方面所需的知识、技能和态度发展为导向。

7. 发展个人普通教育,使公民具有批判性思维和道德推理能力,使他们能够在现代多变的社会中生活和工作,并成为终身学习者。

8. 教育要在三个方面发展公民责任:国家认同感、公民参与度和人类伙伴关系。教育要有助于社会凝聚力,教育要能为公民提供在多元化社会中共同生活所需的知识、技能和态度。

9. 教育要有助于社会资源流动,在地理位置之间水平流动,在社会阶层之间垂直分布。

10.教育要能够帮助辍学者以及在学校内被边缘化的群体更好地融入社会并且进一步阻止社会边缘化问题。

发展可促进经济发展的教育

11.发展有助于开发人力资源的教育。

12.为满足黎巴嫩劳动力市场的需要,教育应培养出众多高素质、有能力在自由就业市场中竞争的就业群体。

二、任务

教育和高等教育部的主要任务是维护公共和私人教育部门的公共利益,管理公共教育,以确保公民在平等受教育机会的基础上,能享受高质量并有助于知识社会、社会融合和经济建设与发展的教育。

第二部分 人人享有平等的受教育权利

一、3～5岁的儿童享有受教育的权利并且可参加公共教育。

1. 2004—2005学年,3～5岁儿童的学前班净入学率达到77.7%。虽然5岁以下儿童的学前班净入学比例达到了79.6%,但是4岁儿童的净入学比例却下降到72.2%,而3岁的儿童比例下降到了仅26.6%。由于官方没有给出明确承诺要将3岁的儿童纳入教育梯级,相应地也造成了大多数公立幼儿园的幼儿班级缺失,这是3岁的儿童入学率偏低的主要原因。

2. 在非免费的私立教育部门中,学生人数占比最高(61.9%)。与之相比,公共部门中学生占比则只有22.7%,而在政府补贴的私立教育部门中学生占比为15.4%。在3岁儿童的入学情况中,各教育部门之间的不成比例现象尤为突出。有82%的儿童就读于非免费的私立教育部门中,而只有5%的儿童就读于公共教育部门。然而事实上公立学校的班级平均学生人数是14名,这也就意味着某些学校是可以接纳招收更多学生的。

3. 入学中的地域不平等现象。在黎巴嫩山,净入学率达到91.8%,到贝鲁特逐渐下降至81.9%,贝卡省为79.2%,黎巴嫩南部纳巴泰省的净入学率则为71.4%,北部省为68.7%,而南部省为59%。而私立学校中入学率最高的是在贝鲁特和黎巴嫩山(约69%～81%)地区,其他地区的居民主要选择了公立和免费私立学前班(42%～56%)。

4. 性别问题。在幼儿园中,3岁、4岁和5岁儿童中男女比例相似。这也适用于所有教育部门(非免费的私立教育部门、公共教育部门和政府补贴的私立教育部门)。

5. 学前班的教育质量和入学机会之间有联系,这体现在有更好教育质量的幼儿园主要位于贝鲁特和黎巴嫩山地区,并且学费较高。

6. 尽管一些私立学校为满足有特殊需要的儿童采取了主动行动,但大多数私立和公立学校仍然没有拥有教育这些儿童所需的基本条件。

小结：大部分3~5岁的儿童仍然没有参加学前教育，特别是那些正好3岁和一些有特殊需要的儿童。公共教育没有为儿童提供足够的机会，使儿童可以加入符合最低质量要求的幼儿园，尤其是在贝鲁特和黎巴嫩山以外的地区。

二、基础义务教育实行到15岁；公民有权享受优质教育，国家在这一基础上提供公共教育。教育应惠及每个人，包括有特殊需要的学生。公民有平等的入学机会、继续教育和取得成功的机会。

A. 入学

7. 小学学生入学量接近饱和，2004—2005学年的年均净入学率达到97.0%。然而，中等教育年均净入学率下降到仅68.5%（不包括少数取得了CAP和AP证书的学生）。这表明，在一个基本学习周期结束后，有大量学生辍学。

8. 黎巴嫩的基础教育延伸至9年级，这也就等同于基础教育实行到15岁。然而，根据第686号法律（16/3/1998），义务教育在12岁时应停止。此外，这项法律尚未施行。

9. 黎巴嫩基础教育仍主要由私营教育机构提供。2004—2005学年基础教育学生总人数为650 666人，其中37%在公立学校入学，14%在政府补贴的私立教育部门入学，49%在非免费私立学校入学。

10. 性别之间的差异不明显，女性入学率略高。小学生中男女平均净入学率有4个百分点的差异（95%的男性与99%的女性），中学生中男女平均净入学率的性别差异为9个百分点（55%的男性和64%的女性）。忽略学生之间的年龄差异，在学校学生入学方面，小学学生中女学生的比例为48%，中学生中女学生的比例为52%。这意味着，在小学结束后辍学和学习落后的情况更多发生在男学生身上。此外，公立学校女生比例（52%）大于私立学校女生比例（48%）；公立学校9年级的学生中女性占比达到最高（58%）。

11. 地域之间的净入学率差异。小学教育的国民净入学率为97%，而这一比例却在北部省、贝卡和南部省下降到了50%。这意味着这三个地区的教育条件不如贝鲁特和黎巴嫩山。在所有区域的所有学习周期中，性别之间的差异基本保持不变。

小结：黎巴嫩小学学生入学数量接近饱和（97.0%），但中等教育学生入学率却仅有68.5%。黎巴嫩基础教育上的弊端与其地理位置之间的差异以及公共教育的招生率低（34.0%）有着密切联系。

B. 继续教育

12. 在过去几十年里，黎巴嫩的继续教育机制有了很大的改善。根据1972—1973年年的数据可估算出，1 000名小学一年级的入学学生中，有810人在12年级前就已辍学。而在1997—1998学年，辍学人数则降为593人。在一个基本教育周期结束后的辍学率从这两年的21.3%明显下降到了3.3%。

13. 学生的继续教育问题仍然面临着一些挑战。第一个挑战是辍学率。辍学这一现象在 1 年级中就开始出现。辍学率在小学期间介于 0.5% 与 3.4% 之间；这一比率在中学生中增加到 4%～5%，到了 9 年级则增加到 27%。第二个挑战是课程的重复性。2004—2005 学年，小学教育的课程重复率达到了 10.0%，到了 4 年级这一重复率则高达 17.9%。而中学阶段的课程重复率为 13.5%，到了 7 年级又高达 20.3%。继续教育面临的第三个挑战是关于学生上学的延迟（学生年龄超过班级其他同学年龄），这一比例在小学和中学分别为 24.2% 和 41.0%。当学生从低年级升入更高年级时，这种情况会更加恶化；因此，这一比例从 3 年级的 19.0% 跃升到 4 年级的 31.0%，又从 6 年级的 35% 上升到 7 年级的 41.0%。

14. 从性别方面进行分析，女性能比男性更好地接受教育；无论在哪一年级，女学生继续进行教育的数量都超过了男学生。升到中学的女性比例高于男性；在黎巴嫩，女性辍学率比男性低得多。

15. 从地理区域上进行比较，北部省、贝卡省和南部省的辍学率和留级率高于贝鲁特和黎巴嫩山。

16. 相比于公立教育部门，私立教育部门使教育得到了更好的延续。小学生的平均上学延迟率（学生年龄超过班级其他同学年龄）为 24.0%。然而，在公立小学这一数值可达 41.6%。中学生的平均上学延迟率为 41.1%，而公立中学的平均值为 61.2%。4 年级和 7 年级的学生上学延迟率分别为 52% 和 61%。此外，公共部门的辍学率和留级率也较高。

17. 2006 年 7 月的战争导致 300 所学校受损，40 所学校完全被摧毁。这使得一些学校不得不延期开学，学生也不得不从被毁坏的学校转移。而这些新学校要么距离很远，要么就是学制较短（双时间表）。战争使得有些学生的家园被毁，有些学生失去了一些家庭成员乃至整个家庭，有些学生自己也受到了战争及其后果的影响。这些学生的学校生活被打乱了。这些问题都对学生们的继续教育造成了很大影响，而教育与高等教育的运行机制中并没有专门为学生提供指导和咨询的部门。公立学校也没有提供为学生咨询的服务。

小结：学生的继续教育仍然有很严重的问题，表现在高辍学率、高课程重复率以及高上学延迟率（学生年龄超过班级其他同学年龄）；以上问题在 4 年级和 7 年级的学生中表现最为明显。性别之间的差异并不明显，有一点细小差别则是女性的教育水平略高。但各区之间的教育差异较为明显，贝鲁特和黎巴嫩山的教育水平则较高；公立教育部门和私立教育部门之间也存在着显著差异，私立教育部门教育水平较高。2006 年 7 月的战争可能会导致一些地区的学生继续教育问题进一步恶化。

C. 官方考试通过率

18. 在过去的几年中，尤其是在实施新课程后，9 年级末的学生官方考试通过率有所提高。女性官方考试的通过率更高，贝鲁特和黎巴嫩山的考生通过率也较高。就部门差异而言,私立部门通过官方考试的概率更高。然而,值得一提的是,学生参加官方外语考试的结果却表明了私立部门教育质量的参差不齐。

小结:私立及公立教育部门之间官方考试通过率存在差异。

D. 有特殊需要的学生

19. 大多数学校不适合有特殊需要的学生就读,因为学校缺少必要的设施、合理的教学设备、专门的教学楼、特殊教具以及合格的特殊教育者。在基础教育的两个周期中,有天赋的学生并没有得到照顾。尽管在这方面有少量提议,但这些提议都没有相应的后续行动,也没有得到进一步发展。

小结:教育制度里缺少合理的方案以解决有特殊需要的(学习落后的和有天赋的)学生的教育问题,缺少能更好地开发学生才能并使他们能融入同龄学生中的教学材料以及教育人力资源。

三、接受中等教育(普通类、职业类和技术类)的学生应平等获得招生入学、继续教育以及成功的机会。并且在中等教育中,学生应有在学术教育和技术教育的专业中选择的权利,以及选择合适的选修课程以加强其自主能力,从而帮助他们获得提高受教育水平和职业选择的机会。

A. 入学

20. 15～19岁的学生入学率为71.0%。这其中有一半以上的学生(52.2%)接受了中等教育,其余的学生进入了初级中学(31.3%)或接受了高等教育(16.5%)。然而,如果只分析15～17岁年龄组的学生,即中学(一般和职业教育)学生的平均年龄,净入学率则约为50.0%,这一数值低于发达国家。

21. 男女中等教育入学率方面存在差异,女性入学率更高。15～19岁年龄组的学生入学率,女性为74%,而男性为67%。不同地域之间也存在入学率差异,贝鲁特的入学率为79%,而南部、贝卡和北部的入学率仅为65%。贝鲁特的中学入学率的男女性别差异为2%,而北方和南方则增加到10%。

22. 接受中学教育(普通类和职业类)的学生人数为155 689 122人。这其中有50.1%的中等教育学生在公立学校就读。

23. 私立和公共教育部门之间的差异是由学生的发展规划差异引起的。在普通中等教育中,私立学校的学生有更多的机会进行科学方面的研究,而公立学校的学生则更有可能进入人文社会学和经济学方面发展。私立学校的学生未来进行科学方面研究的概率比公共教育部门的学生多出15%～30%。在职业教育方面,参加公共教育的学生比在私立教育部门学习的学生有更多的加入工业和农业专业发展的机会,而在私立教育部门学习的学生则更倾向于商业和服务性专业的学习。此外,在为期三个月乃至一年的注册证书有关课程上,私立教育部门更受学生欢迎。

小结:国家以合理的方式提供中等教育(一般类和技术类),然而15～17岁年龄组的入学率为50%,这一数值低于发达国家和一些阿拉伯国家。就入学率而言,性别差异并不显著,而地域差异问题严重。公共教育入学率低于50%,学生数量在普通教育(53%)和技术教育(46%)之间几乎平均分配。除贝鲁特地区以外,大部分学生选择进入公立教育部门学习。

B. 继续教育

24. 黎巴嫩实行的新教育框架取消了学士学位的第一部分(在中学第二年级末实行),这被认为是学生完成中学学业面临的一个主要障碍。由于入学注册登记延迟,之前学期的所学课程重复以及在接下来的课程重复循环造成的延迟入学仍然是主要问题。12年级学生延迟入学率达到峰值(42.6%),而12年级是学校学习周期中的最后一级。第一类(10年级)达到34.0%,第二类(11年级)达到33.0%。

25. 继续教育方面产生的不平等现象是由男学生的入学延迟造成的。这一现象在公共教育部门中表现得更为频繁,延迟入学的男学生的比例在整个学习周期中达到48.7%,在第三中学阶段达到了56.1%。此外,与普通类教育相比,延迟入学的情况更多出现在职业和技术教育中。

C. 通过官方考试

26. 普通类教育和技术类教育的官方考试通过率约为70%。虽然这个通过率是令人满意的,但它仍然低于正常值。

27. 官方考试通过率方面存在以下差异:①与公共教育机构相比,私立教育机构官方考试通过率更高;②从学术发展前景来看,普通科学专业的学生成功率最高,其次是生命科学、社会学和经济学,最后是人文科学;③从性别差异方面进行分析,女性成功率更高;④与受法语教育的学生相比,受英语教育的学生成功率更高。成功率不因地理位置差异而变。

小结:私立及公共教育部门之间官方考试通过率存在差异。私立教育部门的通过率更高与公共教育部门的高延迟入学率有关。

D. 中等教育结构

28. 中等教育分为两个不同的方向:普通类教育和职业类教育。从职业类教育的第一年级和普通类教育的第二年级开始,这两个发展方向下又有了几个不同的专业分支。无论选择什么专业,都需要完成一套必修的课程。学生在学校就可以测试这些课程,然后在中学的第三年级年末参加官方考试。这种在职业类和普通类教育中的严格的考试系统具有内在的不平等因素,因为它为具有不同能力的学生提供了统一的教育产品。这一教育系统没有为学生提供机会,让其自主选择适合自己的选修课程。此外,学生也无法选择辅导课程和更高级课程。在这一教育制度下的学生无法自主进行课程选择,因此也被剥夺了独立思考的机会,也无法做出合适的教育选择以及职业规划。此外,一般的中学,特别是公立学校(一般类和职业类)缺乏对于学生的职业指导方案,无法帮助学生做出正确的教育选择以及职业规划。

小结:中学教育系统并不综合完整。目前的中学教育系统仍然是分成了几个部分,首先是一般类教育和技术类教育之间的综合性,其次是每个专业之间的综合性也不强。这种相当不灵活的结构增加了学校招生、学生的继续教育以及官方考试通过率的差异,因为它不仅剥夺了学生自主选择适合的课程,包括选择辅导课程和更高级课程的权利,也使教育失去了灵活性。

四、高等教育(包括技术教育)平等。允许各部门机构之间的学术流动,以提供支持,适应新趋势和满足教育需要。

29.2005年黎巴嫩的人口约为400万。那么平均来算,每10万公民中有4 143人接受了高等教育(包括技术类教育)。该比率在阿拉伯地区各国中处于较高水平。此外,20~24岁年龄组的平均入学率是29.7%,这其中1/4的学生还参加了大学预科班。然而,这两个平均值(相对于一般人口和所涉及的年龄组)仍然低于发达国家(欧洲和北美)和新工业化国家(例如韩国)的平均值。

30.男性与女性的高等教育入学率没有明显差异,但是,近年来接受高等教育的女性人数已超过男性(27∶23)。然而,高等教育入学率仍然存在地域差异:20~24岁年龄组的入学率在贝鲁特达到37.6%,在黎巴嫩山达到36.8%,但在北部和南部则下降到27.0%~28.0%,而在贝卡和奈拜提耶只有21.0%。

31.公共教育部门和私立教育部门的入学率存在地域差异。黎巴嫩共有42所高等私立教育机构,其中有18所是大学。而黎巴嫩却只有一所公立大学,即黎巴嫩大学。在1999—2001学年,有60.3%的学生在黎巴嫩大学登记入学。随后1996年,部分私立学校获得了执照。黎巴嫩大学的学生总数开始下降,在2004—2005学年,黎巴嫩大学的学生总数下降到了49.5%。黎巴嫩大学的独特之处主要是地理位置优越,它位于黎巴嫩人口最多的地区。在黎巴嫩大学注册的学生中,有43%的学生居住在南部、北部和贝卡地区,除了北部的巴拉曼德大学外,这些地区很少有私立大学和学院。此外,贝鲁特和黎巴嫩山以外地区的私立大学(圣约瑟夫、圣母大教堂和其他大学)招生人数少。至于那些可以批准T.S和BA/BS学位的技术性大学,它们主要位于贝鲁特及其郊区地区(56%的公立学校学生和61%的私立学校学生)。

32.在可用专业领域方面,公共教育部门和私立教育部门的入学率存在差异。大多数黎巴嫩大学的学生选择入读人文学科(60.3%),而私立教育部门只有20.7%的学生选择入读人文学科。在高等技术教育方面(T.S.文凭,三年),私立和公立学校的就读学生人数几乎没有差别。然而,L.T.文凭(五年)却仅在公立学院或机构提供。值得一提的是,工业方面的专业,如中学技术教育,主要由公共教育部门提供。

小结:与发达国家以及新兴的工业化国家相比,黎巴嫩为公民提供了相对较少的接受高等教育的机会。虽然在这些机会面前,性别之间的差异不大,但不同地理位置之间的差异仍然很大。

33.在学生的继续教育方面,私立教育部门和公共教育部门之间仍然存在差异。与私立的大学不同,在第一年有大量的学生(2003—2004学年为57.3%)就读了黎巴嫩大学的人文专业(包括法律、政治科学、社会科学和文学)。私立教育部门和公共教育部门之间的差异表现在毕业生人数。两个部门的注册在读学生人数相等(49.5%,2004—2005学年为50.5%),但私立部门的毕业生人数相对较高(58.4%,2003—2004学年为41.6%)。此外,在学校的教育质量上,私立教育部门和公共教育部门之间也存在差异。这些差异是相对的,取决于不同的专业、学院、大学,以及大学是否有开放录取的政策和选择性的入学考试政策。部分差异在1997年黎巴嫩教育科学协会进行的一项研究中被证实。虽然这项研究数据相对较旧,但关于黎巴嫩大学的调查结果也在后来的研究中得到了证实。

小结:在学生的继续教育方面,黎巴嫩大学和一些私立教育部门在各学习领域之间仍然存在差异。这种差异的产生与学校教育质量的差异以及各部门和专业之间的内部效率差异有关。

34.高等教育机构为学生提供的支持的形式各有不同:①为希望上大学的学生提供咨询服务,例如提供大学入学考试信息;②提供资金援助和奖学金,极少数的学校甚至可提供全额奖学金;③提供强化课程以支持学生基础学科的学习,如外语和计算机学科,旨在提高学生在某些领域的水平;④为每一组学生分配一个顾问,帮助他们做出更好的学术选择;⑤建设公共关系和信息办公室,为学生提供就业市场上的就业信息。在黎巴嫩,某些学校可以提供以上所有有关支持,或提供其中的部分支持,有些学校甚至还提供了一些额外的支持。然而,总的来说,黎巴嫩大学和许多私立大学仍然没有全面为学生提供支持的系统。

小结:除了少数学校,大部分高等教育机构没有能力也没有准备好为学生提供支持服务。这些支持服务可以提高学生的入学概率,帮助他们承担教育的成本,帮助他们继续完成学业,并帮助他们更好地选择适合自己的课程和研究方向。

35.黎巴嫩的高等教育机构学术流动性非常有限,而且大学之间还缺乏学术交流。造成这一结果的原因有很多。首先,黎巴嫩的大学的特点就是文化十分多样。从语言的使用上来看,一些大学使用法语,一些大学使用英语或阿拉伯语。黎巴嫩大学起初是作为一个法语大学成立的,而随后在20世纪60年代,大多数的人文课程却开始用阿拉伯语教学。直到现在,一些课程使用法语,而其他课程则用英语教学。第二,不同的大学有不同的教育系统(课程体系、考试、开课课程以及课程的描述)。这种多样性是由学生之间不同的教育文化背景(法语或英语)所导致的。这种多样性以多种不同的教育形式来呈现,比如随后的法语教学、英语教学、阿拉伯/埃及式教学、伊斯兰式教学、黎巴嫩式教学甚至一些不同语言文化的混合教学。黎巴嫩大学有着众多院系和分支机构,是最多样化和混杂的教育机构。它缺乏清晰明确的学术认同。总的来说,导致黎巴嫩高等教育机构学术流动性下降的原因之一是其教育系统内部的多样却无关联的教育方式。在过去的几年中,圣约瑟夫大学已经将其系统改为欧洲的LMD(Licence-Master-Doctorate)系统。这样一来,其教育系统就更接近盎格鲁-撒克逊系统。黎巴嫩大学也开始了一个类似的方案,但尚未完成。因此,黎巴嫩高等教育机构的学术流动性问题还没有完全改善。

36. 在中学毕业之后进行的高等技术教育,具有不同的学位(T.S.文凭、学士学位等)。这些高等技术教育机构具有独立的学术和行政组织结构(职业和技术教育总局),以集中的方式进行课程管理发展和考试。它的发展和考试方法类似于在学期次循环中采用的方法。这种集中化的运行方式一方面区分了技术和职业教育,另一方面也划分了大学与学院的界限。

小结:高等教育系统并不综合完整。缺乏对课程体系、学位和课程的一致定义来为高等教育机构的学术流动提供条件。

第二部分 发展有助于建设知识型社会的优质教育

五、教育的基础是高质量的课程、教育机构和教育成果;教育需要符合国家和国际标准。

A. 学前教育

1. 黎巴嫩有关普通教育的新政策引发了学前教育方面的两个问题:(1)它建立了特别的小学教育的课程体系,使学生可以在没有就读幼儿园的情况下直接就读小学一年级,这导致了学前课程和小学课程之间的不连续性;(2)尽管已经认识到早期教育的重要性,政府仍没有为3~4岁年龄组的学生划分课程类别。教育和高等教育部出台的相关法规规定要增加针对这一年龄组学生的课程,但却没有指定相应的课程,这也就导致了学校的课程混乱。

2. 学前教育的新课程有许多优点,例如以学生实践活动为基础的知识学习,并在每个学习主题下的教学单元采用相应的主题方法教学。另一方面,当学生在学习有关阅读、写作、外语、数学、体育运动和科技方面的知识时,新课程出现了一些问题。在这个过于笼统的课程体系中,有关"母语"的概念存在混淆。事实上,虽然所有的公立学前教育机构都遵循这一课程体系,但大多数的免费和收费的私立机构都只是按照新课程的部分内容进行教学。

3. 在所有的学前教师中,拥有大学或职业学位的专业教师所占比例不到30.6%。值得一提的是,在2002年,与未取得国家认可的学士学位教师签订教师合同是违法的。但法律没有明确规定这种学历的个人可否在小学或学前教育机构任职。

4. 在大多数情况下,学前教育机构是普通教育(特别是小学)教学体系的一部分,为所有年龄的学生提供公共游乐场所。比起其他种类的学校,私立学校使用了更多的教学辅助工具,而公立学校使用的则更多是便宜、相对落后,甚至是由教师自己创造的教学工具。而免费的私立学校的教辅工具质量和使用范围则介于公立学校和收费的私立学校之间。

5. 许多学校的发展现状与学前教育的最新趋势不相符。比如,在公立学校,政府补贴性私立学校和偏远地区(偏离贝鲁特)的低学费学校,教育性游戏的使用比率相当低。

此外,学前教育机构和学前儿童家庭之间的关系,特别是在公立和私立学校,是非常不理想的。

6. 教育与高等教育部在20世纪70年代成立了幼儿园,然而,目前教育部的体系里却没有专门的学前教育部门。在高等教育机构里,也没有专门针对学前教育的教育行政专业。一般来说,学前班通常由学校的校长或幼儿园教师管理,其中大部分都是非专业人员。

小结:学前教育方面有许多不足:①课程体系缺乏连贯性;②课程学习中也存在问题;③持有相应学位证书的学前教师比率低;④大部分学校缺乏教学楼和教学辅助设备;⑤学校的发展现状与学前教育的现代趋势不协调;⑥学校缺乏行政部门和管理中心。这些不足在公立和免费的私立幼儿园表现得更为严重。

B. 普通教育

7. 最后的课程开发进程是黎巴嫩历史上前所未有的,其方法论和实施范围覆盖了所有学期和所有学科领域。然而,它的影响力仍然是非常间接的,这取决于某些特定的情况和领导这些进程的个人。因此,课程体系和学校教科书的制定及发展也没有依照权威的参考准则和相关文件,虽然这对于进一步修订也是必要的。参与课程体系和教科书内容研究的人员并没有考虑到这一方面,这个发展过程本身也没有为课程的持续跟进以及评估提供稳定动力。

8. 虽然教育界各方的参与比以前更广泛,但这种伙伴关系不够全面,并没有涉及所有有关方面(教师、学生和家长)。

9. 学校的发展需要和教育发展的新趋势表明,通过发布部长级的法令来详细地规定课程会降低教育的灵活性和适应性。

10. 缺少监测课程应用效果的教育系统,也缺乏为修订和丰富课程内容所提供的反馈环节。教育咨询服务办公室的工作重点是视察在官方考试中表现不佳的学校。同样,一般的教育检查机构也只侧重于监测教师是否遵循课程大纲和是否服从行政管理。

11. 针对新课程,有关人员进行了大量的评估研究。国际组织也为教育改革提供了相关支持。然而,教育部却没有从中受益。比如在1999年和2000年期间,消除种族歧视委员会与儿童基金会合作设计了一个综合课程。不仅编写了学校教科书,培训了教师,对课程进行了试点,还对该项目进行了评价并提出了相关建议。然而,直到2006年,有关该课程的采用、修订或放弃都没有任何音讯。

小结:最新的课程发展计划未能为课程开发提供持续的活力。这一计划表现出以下缺点:①课程受益者之间无效的伙伴关系;②通过部级法令发布详细的课程规划,反映了课程的灵活性有限,无法完全适应学校的发展需要以及应对新出现的教育趋势;③缺乏为课程发展提供指导的参考文件;④教育部没有从评估及实验中吸取经验。

12. 与以前的课程相比,1997年发布的教育课程产生了质变,特别是在以下几点:①有目的地进行发展规划;②引进新的学科领域;③更新知识库;④采取有效的方法。

然而,在对课程进行的研究中也发现了许多不足,如:①课程内部的不一致性。不同的学科领域在组织方式、总体目标和具体目标的制定方式,以及在目录的编排次序上存在差异;②不仅主要的课程目标之间一致性较低,学科领域内的总体目标和具体目标存在不一致,各内容之间的一致性也较低;③难以制定贴合主题、时间允许且符合学习进程的学习范围和学习顺序;④内容缺乏适当性和有效性;⑤专业技术术语和翻译的准确性有限,进而导致阿拉伯语、英语和法语版课程之间存在差异。

13. 对于不同学科领域课程的评估表明了其中一些学科(阿拉伯语、历史、地理、哲学和文明、音乐和体育)在学科设计上存在严重问题;其他领域(英语作为第一外语,数学、物理、生物学、化学、公民教育学、信息学、科技、美术和戏剧)也存在部分问题。

14. 课程的目标和内容也有不足,即某些学科领域的内容太宽泛,无法在分配给该学科的时间内予以涵盖,尤其是在现实中一学年只由36周组成。

15. 原课程计划允许在中学阶段用外语教授数学和科学,但新的课程将其扩展到初级教育阶段。在数学和科学学科中使用外语作为教学语言,对这两个科目的学习产生不利影响。

16. 评估系统在设计以及应用方面存在许多问题:①在基于目标的课程实施了四年后,通过了以能力为评估标准的评估系统;②新系统中存在着有关评估依据、原则以及工具方面的漏洞;③教师培训已完成,然而新系统的引入仍不够完善,因此使得评价过程转化为数值操作,而不是用来评价学生的表现以及改进教育;④实施新系统所需的教育设施和资源还不够完备。以上这些问题给教师的教学工作带来了困惑。

小结:目前的课程存在着固有缺陷,具体表现为:总目标、特别目标和周期目标三者之间缺乏一致性,范围有限而内容繁重;课程目标与评估系统之间缺乏一致性;用外语作为教学语言对数学和科学科目会产生不利影响。

17. 为所有教育周期编制教科书的计划使得公民人人都享有国家级教科书,这是一项先进的举措。然而,各周期内的不协调却带来了负面影响,如:①过于追求繁重的内容而忽略了技能、态度和评估;②不同类别和科目的教科书的质量存在差异,其中语言类教科书质量最差,尤其是阿拉伯语教科书;③存在性别定型观念以及社会专业定型观念,尤其是在阿拉伯语教科书中。

18. 经验表明,由黎巴嫩教育研究发展中心委员会负责编写,印刷以及分发学校教科书可以确保国家教科书惠及每个公民。然而经验也同时表明,编写存在以下问题:①缺乏一个独立的机构负责制定和评估教科书的标准,同时监测其发展并给予评价;②教科书内容不灵活且修订难度大,重印频繁。

小结:为所有教育周期编制教科书是一项大胆的举措。这一举措使得公民人人都享有国家级教科书,但这些教科书的质量却因以下两点大打折扣:①缺乏独立的权威机构来开发和监测教科书是否按照预先确定的标准发展;②学校教科书内容缺乏灵活性。

19. 对于中学教师的学术要求已经放宽,这对教育的质量产生了消极影响。在

1979年以前,公立中学的教师必须拥有中等教育5年制的大学学位证书(称为第二职业资格证书)。教育工作者都认同的是,当时的黎巴嫩大学教育学院的毕业生是黎巴嫩复兴中等教育的主要力量。1979年,新颁发了一个中等教育6年制的大学学位证书。1996年,教育部决定任命一些中学教师,其中一些人没有获得中等教育的学位证书,却只经过一年的"培训课程"就获得了就业合同。值得注意的是,通过合同制任命教师具有随意性。到2006年为止,约有4 000名中学教师通过这种方式跻身教育行业。

20. 在学前班、小学和中学教育中也出现了类似的放松教师任用条件的情况。直到1985年,才规定小学教师必须是教师学院的毕业生。1985年8月22日发布了第2636号法令,其后约有4 500名教师在通过培训课程后签订就职合同。从那时起,以合同为基础任命教师的做法产生了。这与任命来自教师学院的毕业教师并行不悖,在1994年和2002年之间有3 675名教师毕业。在2002年7月29日颁布了第442号法律,这使得具有大学学位的毕业生可以被任命为黎巴嫩的小学教师。然而,法律并没有写清预科教育是否能够获得大学学位证书。从那时起,与具有大学学位证书的教师签订合同也具有了随意性。

21. 过去几十年里的政策和程序导致许多学校里教学人员标准下降。因此,公立学校合同制的教师人数从1993—1994学年的6 000人增加到2004—2005学年的11 000人,占教学机构总教师数的21%～27%。与此同时,非学位持有者被任用为中小学教师的数量超过了9 000名(约占所有终身制教师的三分之一)。值得注意的是,只有二级证书或二级证书以下的教师在公立学校的占比为33%,在政府补贴性私立学校的占比为82%,在私立学校的占比为50%。

22. 在公立学校中酌情扩大教师任用率,这导致了教师的实际教学负担减少,因此向合同制任命的教师提供更多教学任务。这导致了两个现象:减少了学校教师的实际教学负担,增加了合同制教师的工作量。教师不遵守出勤规定且没有全职在校工作。这也导致了有关教师评估和问责程序的落实不当。

23. 目前,没有任何政策来提高学校教职员的能力水平。在新课程颁布后,教育和高等教育部为所有公立和私立学校教师开设了大量的教师培训讲习班。但这次培训只举行了一次,并且是为了使教师熟悉新的课程。对培训的评估研究表明,在规划、组织、教学材料、培训师资格、培训风格、评估以及对于培训对象的选择和分配上仍有许多问题。在2000年,推出了一个长期对教师和校长进行培训的项目,其目标如下:

(1)发展培训师(资源人)对教师进行长期培训。

(2)发展地方的六所主要教师学院,逐步将所有地方教师学院转变为教师继续培训中心以及学术资源中心。

(3)利用新技术,尤其是互联网技术,建立信息网络以及技能网络。

(4)开发新机制,强调评估以及培训对课堂实践的影响。在2004—2005学年,通过在黎巴嫩教育研究发展中心的编制、培训处编制和监督的区域性计划,该项目开始在六所主要教师学院实施。该项目旨在培训300名培训人员,并为2万名教师提供培训模块。

24.除了公立学校要求教师具有 4 年制的大学学位外,黎巴嫩对于教学工作没有管控。教育和高等教育部的委员会认为,大学学位证书与教学执照等同。在私立学校教学工作方面没有 MEHE 的专业控制。

小结:在有关教师的资历方面,公立学校的小学教育面临如下严重问题:①大部分教师受教育水平低,只有学士学位甚至以下水平;②在没有任何教学准备的情况下,与具有大学学位的教师随意签订合同;③缺乏专业的发展系统。此外,中等教育在教师资格认定方面临严重问题:①在没有教育准备的情况下,与个人任意签订教学职位合同;②随意任命全职教师,并提供简短的"专业准备"培训;③在 2004—2005 学年开始了一个大型项目,为公立小学和中学教师提供长期培训。

25.学校建筑物的数量以及其地点的选择是否适宜,是公共教育方面的长期问题。大部分的学校校舍是租用的,并不符合校舍所需的条件,其中有五分之一需要修复和整修。"学校地图"是几十年前构思的一个项目,但它至今还没有付诸实施。该项目作为指导系统,根据黎巴嫩的构想目标和教育的作用,明确地选择学校地点。2006 年 7 月的战争使得问题更加严重,有 40 所学校完全被摧毁,有 300 所学校受到严重损坏。在不远的未来,这种情况势必会影响许多地区的教育质量。然而从长远看,最重要的是要知道这些校舍受损问题是否会加速"学校地图"的发展进程。

26.黎巴嫩公立学校的物质资源(实验室、图书馆、车间和计算机)匮乏。公立学校虽然提供了这些资源,但这些资源却不能有效地用于教育。这与学校的行政管理,技术人员的缺乏,以及对于官方考试不测试的科目的兴趣缺乏有关。

小结:公立学校目前教学楼数量不足,教学设施不完备,教育条款不完善,因为这些问题影响到教学的可接受性、适用性以及教学的质量。

27.公立学校和私立学校的教学环境(课堂教学)方面的研究和相关数据相对缺乏;数学和科学中的传统教学方法占多数,缺乏新课程中提出的以学生为中心的积极教学方法。有关黎巴嫩学校环境的数据来自 2003 年发布的第三次国际数学和科学评测(Third International Mathematics and Science Study,TIMSS),名单上有 8 个排名最低的国家,黎巴嫩被列为第二。排名的先后顺序是基于教师对于学校教学环境的评价。(包括学生、教师、管理人以及父母之间的关系)。

28.2006 年 7 月与以色列的战争,清楚地反映出了教育系统和人力资源方面的严重不足。这正是在战争期间饱受极大痛苦的学生和教师所必需的。国家缺乏骨干队伍,学校里缺乏能够提供指导和咨询服务的专家,缺乏全面型的、合格的教师来了解学生的行为,识别学生的心理状态,并将这些学生的情况反映给专业的指导教师。为了解决这些不足,有关部门开展了许多不同的项目,但这些项目都没有在一个清晰统一的框架内运作,并且有效性也没有得到评估。

小结:在公立和私立学校,以教师为中心的教学方法占据了主导地位,几乎没有积极促进学生主动学习的方法。学校的气氛也不够良好,学生、教师、行政管理人员和家长之间联系薄弱。

29.公立学校的学校管理长期低效,主要原因是:①校长的权力有限;②委任一名校长所需的条件不确定;不要求其接受教育领导和行政管理方面的学习(文凭或BA);③这些条件中有一些未被采用,如在黎巴嫩大学校长任命生效前,校长应该学习黎巴嫩大学提供的教育管理课程并通过考试(2001年5月4日第320号法律规定)。

30.通过教育发展计划,教育部于2005年启动了一项名为"发展校长领导能力"的方案,为期两年,到2007年将覆盖30%的学校。一些学员将被培养成为教员并且指导他们的同事。该项目将明确规定公共学校校长培训的政策和基本法律。虽然这项计划已有规定,但到目前为止,并没有跟进和长期进行校长培训的机构,也没有相应跟进系统来反映此项计划对于学校行政绩效产生的影响。

小结:公立学校在行政管理方面,至少存在四个问题:①授予校长领导和管理的权力有限;②校长不需要拥有教育管理专业的大学学位;③长期不遵守法律所规定的委任校长的最低条件;④没有绩效考核制度。到2006年为止,有关预备校长的领导能力和教育行政管理能力没有制度化要求,也没有为他们提供长期的专业发展机会。

31.基于学生在CERD制定的能力测试中的表现,对学生所有学科的学习结果进行了评估。评估表明,学生基本学科的学习能力存在固有弱点,比如语言、数学和科学。此外,黎巴嫩参加了2003年TIMSS评比。研究结果表明,在数学领域,黎巴嫩在45个国家中排名第三十一。在科学领域,黎巴嫩在45个国家中排名第四十一。与其他参加研究的8个阿拉伯国家相比,黎巴嫩在数学领域排名第一,而在科学领域排名最末。

小结:根据国家标准衡量,语言、数学和科学的学习成果欠佳;而根据国际标准衡量,只有数学和科学的学习成果欠佳。

C.职业技术教育

32.职业和技术教育分为三个层次:①完成基本教育后的学生可参加职业预科教育;②在中级教育后,接受职业教育和技术教育;这个三年的学制有两个发展方向:技术学士学位、技术以及中学双学位制度;③职业和技术高等教育共有四个学位:技术高级学位(TS)(3年),技术学位(在取得技术高级学位后继续接受2年学习),技术教学学位(5年)以及硕士学位。

33.在2000年,根据黎巴嫩最新教育发展规划,出台了相应的职业和技术教育规划(2000年8月16日部长理事会第31号法令),其主要变动如下:①取消结业证书,开展培训以培养技术工人;②把技术高级学位、技术学位和技术工程学位列为高等教育学位;③取得技术高级学位成为进修高等专业学位的基础。然而,教育和高等教育部却没有颁布相应法令使这些新规划落实并遵守。而一些旧的法规,其中一些甚至可追溯到20世纪60年代,却仍然有效。

34.在2000年发布了新的职业和技术教育课程。新课程是基于学生应掌握的教学能力或技能而设计。但是,这些课程并没有接受评估,有关方也没有设计相应的监测及反馈机制来不断修订和发展这些课程。因此课程的发展无法与时俱进,即与当代技术发展一致。

35. 造成职业和技术教育发展水平低的最重要的原因是学生在未取得中级证书,甚至未取得合格平均成绩的情况下,就可以学习技术学士学位课程以及职业教育、中学教育双学位课程。这是职业教育和技术教育发展成就低的一个原因。

36. 公共教育的中学教师里有约三分之一是按小时制合约聘用的。而其中的终身制教师是技术教学学位的持有人。另一方面,大多数教师都是大学学位、工程学学位或技术高级学位的持有者。值得注意的是,职业和技术教育缺乏长期的教师培训系统,这使得教师教授的知识无法与时俱进,既不与新的技术发展相协调,也没有采纳新的教学方法。

37. 技术学校和研究所内的行政管理权力高度集中。学校董事在学术和技术有关事务上的权限不多。此外,任命技术教育学校校长的条件与任命普通教育学校校长的条件相同。这并没有考虑到技术教育的特殊性及其发展需要。值得一提的是,许多学校和学院的院长是中学教师。

38. 大多数情况下不提供技术设备以及教育资源。如果提供的话,设备数量不是不足就是不能完全满足课程需要。此外,技术设备发展并未跟上生产技术的发展。

39. 职业教育主要是基于理论和实践的教学方法,而非最新的流行教育方法。此外,无论是校级水平测试还是官方水平测试,均未制定评价技术来配合2000年开展的课程开发。

40. 没有依据国家和国际标准对2000年发展的新课程的学习成果质量进行比较数据分析。然而,我们依然能发现既定目标与课程的实际性能之间存在很大的差距。造成这种差距的原因可能是有关学科内容的广泛性,这在分配的时间(应为36周,但实际上不超过25周)中是无法完全覆盖的。新的教学方法和技术有待开发,现阶段仍然主要是理论型和演讲型。此外,适应课程发展的评估技术尚未开发。

41. 职业和技术教育的一个特点是其与劳动力市场的特殊关系,不论是在需求、技能、能力,还是在培训学生方面。然而,除了在技术中学文凭双系统,黎巴嫩在职业和技术教育的各年级内这种关系薄弱。此外,经济部门和生产部门没有参与到职业和技术教育中,导致学生学习到的知识无法完全与其毕业后的工作环境相适应,这即是雇主们所说的低质量学生教育。

42. 职业和技术教育中学生缺乏职业指导。这使得学生们选择了他们不喜欢的专业或是与其资格不相符的专业,有的学生还错误地选择了不符合劳动力市场需要的专业。这些将影响学生的继续教育,也会阻碍他们成功。

43. 无论是内部还是外部,都没有任何标准可用来评估职业、技术教育和学生的后续学习质量。评估的目的是收集数据以及反馈,以便改进职业和技术教育的教学和管理。在学生出勤率、假期、教师表现、学年时长等重要事项上,也存在松动。这些都导致了学生的标准降低,进而导致了及格分数降低。

小结：总的来说，2000年的职业和技术教育中学课程质量良好。但仍有迹象表明职业和技术教育质量存在不足，例如：①入读职业教育的学生水平低；②大多数教师的学历和受教育水平低，教师缺乏在职培训，这导致教师传授的知识无法与科技创新相协调；③学校缺乏必要的教学设施；④未采用和开发新的教学方法和评估技巧；⑤没有将雇佣者与技术教育机构联系起来，因此与劳动力市场之间缺乏沟通；⑥没有职业指导系统；⑦缺乏质量标准和反馈。

黎巴嫩教育部门发展计划(普通教育)(2010—2015年)

国家教育战略框架2010—2015年

文件内容:

(1)普通教育部门:现状与数据。

(2)国家教育战略框架。

(3)优先事项和建议计划。

(4)工作机制和工作组。

(5)建议的资金来源。

需要做出的决定:

(1)赞同国家教育战略的总体框架。

(2)认可教育部门发展计划,并采取必要措施改善公共教育部门。

(3)制订并修订实施教育部门发展计划(ESDP)所需的法律和法令。

一、普通教育部门:现状与数据

1. 黎巴嫩教育系统面临许多挑战。

(1)与其他国家的同龄人相比,黎巴嫩学生的成绩水平较低。

(2)由于公立和私立学校之间的成绩差距扩大,公立学校入学率急剧下降。公立学校成绩不佳主要是由于:

a. 学校教学和行政人员的资历较浅,教师专业与需求之间缺乏一致性。

b. 缺乏合适的学习和教学环境(基础设施:建筑物和设备)。

c. 缺乏提高发展可能性所必需的法律法规。

2. 黎巴嫩学生在国际评估测试"第三次国际数学和科学评测"(TIMSS)中排名靠后。

3. 缺乏课程开发机制。

(1)缺乏课程的定期修订机制。

(2)缺乏编写、制作和评估学校教科书的明确标准。

(3)尽管已在约450所公立学校实施了12项举措,但缺乏统一的信息使用技术作为教育工具的课程。

二、国家教育战略框架

黎巴嫩教育战略方向的基础

黎巴嫩的国家教育战略以《黎巴嫩宪法》和《国家协议公约》所珍视的基本原则以及强调教育自由和受教育权的教育事项的法律和条例为基础,确保所有人都有平等接受教育的机会。黎巴嫩遵守的国际公约也强调了这些原则,其中大部分是人权宣言,国际经济、社会和文化权利公约和《儿童权利国际协定》。

该战略的定位来自协商的基本教育原则,特别是阿拉伯和国际教育公约所建立的人道主义教育方法,以指导儿童实现个人的全面发展;加强对人及其基本自由的尊重;发展积极参与自由社会的能力;以理解、和平和友谊的精神培养责任感;在教育方面建立广泛社会伙伴关系的承诺,以确保满足人们对教育和建立知识型社会的需要。

该战略的基础是黎巴嫩的教育现实及其特殊的传统,特别是公共和私营部门在提供教育服务方面是更密切的伙伴关系,黎巴嫩在阿拉伯世界独特的地位,以及存在于黎巴嫩的人力资本、创造力和技术力量中的国际性特征,还包括黎巴嫩改革公立学校和高等教育的努力,发展和加强职业技术教育以满足国家发展和建设的需要,修订和开发课程以加强民族认同与融合以及精神与文化的开放性。

(一)基于机会均等的教育

1. 3~5岁儿童可以接受公共教育。
- 扩大儿童参与学前教育的机会
——为3~5岁儿童提供公共教育,并将3岁儿童的入学率提高到与4岁儿童相同的水平。

2. 义务教育延长至15岁;国家应根据每个人接受高质量教育的权利,为所有人提供公共教育。教育应该平等地给予每个人入学、继续教育和获得成功的机会,包括有特殊需要的学习者。
- 为所有人提供公共教育
——将基础教育的净入学率提高到98%,将初中教育的净入学率提高到90%。
——降低保留率。
——提高公立学校学生应对官方考试所需能力的学习效率。
- 在基础教育的正规教育中照顾有特殊需要(有天赋和迟钝)的学习者
——提供照顾基础教育中有特殊需要的学习者所需的一切。

3. 中等教育(普通、职业技术)平等:入学、继续教育和成功。学生将有机会选择学术和技术教育专业,并有机会选择选修课程,以加强他们的自主权,并帮助他们提高教育和职业选择水平。

- 扩大中等教育入学机会

——中等教育的净入学率提高到65%。

- 保持公共和私营部门之间的机会平等,以在官方考试中取得成功。

——提高公立中学学生通过学校和官方考试所需的能力水平。

- 建立一个中等教育体系

——制定框架和系统,在普通和职业中等教育的各种教育轨道之间开辟道路,并提供课程选择的机会。

4.高等教育(包括技术教育),以平等和有组织的方式,允许各部门和机构之间的学术流动,为学生提供支持,并适应新的趋势和学生的需求。

- 扩大高等教育入学和继续接受教育的机会(包括技术教育)

——提高入读高等教育的学生比例,促其接近发达国家水平。

——提高黎巴嫩大学的影响力。

——改善高等教育的教育服务。

- 建立一个高等教育体系

——提高高等教育的学术流动性。

(二)促进建设知识型社会的高质量教育

5.教育的特点:具有高质量的课程、机构和成果,符合国家和国际标准。

- 提高学前教育质量

——在学前教育中发展高质量教育的要素。

- 不断提高普通教育的课程质量

——建立一个用于不断开发、实施和评估课程的系统,并使教育与高等教育部(MEHE)从评估研究和创新实验中受益。

——修订当前普通教育课程。

——制作高质量的学校教科书。

- 促进教师队伍专业发展与普通教育教学专业化

——确保为基础和中等教育提供充分准备的专业教学队伍。

- 提高普通教育教学环境的质量

——为公立学校提供适当的装备,并拥有实现教育目标所需的人力资源。

——提供健康和积极的学校氛围。

——提供实现教育目标所需的人力资源。

- 促进普通教育学校行政人员的专业发展

——提供具有教育和行政资格的学校行政队伍。

- 提高普通教育学习成果的质量

——根据国际和国家的标准,达到令人满意的学习成果水平。

- 提高职业技术教育质量
  ——提供优质的中等职业技术教育。
  ——提供高质量的技术教育。
- 提高高等教育质量
  ——提供高质量的高等教育。

6. 旨在发展处理信息和使用信息与通信技术（ICT）所需的知识、技能和态度的教育。
- 将教育定位于建立知识型社会
  ——支持在大学预科教育教学和学习中使用信息与通信技术所需的课程、人员和结构。

7. 发展提供普通教育并为学习者提供批判性思维技能和道德推理的教育，这种教育使他们能够在现代化、不断变化的社会中生活和工作，并成为终身学习者。
- 为学生终身学习做好准备
  ——发展普通教育的课程和人员，以促进思维和道德推理能力的发展。
  ——发展普通教育的课程和人员，以促进个人普通教育的发展。

(三)促进有利于社会融合的教育

8. 从三个方面发展公民教育：国家认同、公民参与和人际伙伴关系。
- 加强教育在发展民族认同中的作用
  ——根据国家利益高于一切的原则，促进形成学生发展的思想和行为。
- 加强教育在发展公民参与方面的作用
  ——提高学生公民参与的能力。
- 加强教育在人际伙伴关系中的作用
  ——培养学生人际关系实践的能力。

9. 提供有助于提高社会凝聚力，并为学习者提供在多元化社会中共同生活所需的知识、技能和态度的教育。
- 增加教育对社会凝聚力的贡献
  ——增加教育关于社会融合的内容。
  ——增加机构、教师和学生之间的沟通和互动机会。
  ——培养学生具备在多元化社会中共同生活的知识、价值观和技能。

10. 促进社会流动的教育：横向（地理位置之间）和纵向（社会阶层之间）。
- 加强教育在横向社会流动中的作用
  ——增加地理位置之间学术流动的机会。
- 加强教育在纵向社会流动中的作用
  ——培养具有竞争力的大学毕业生。

11.提供有助于辍学者和学校内边缘化的个人融入社会,并防止边缘化的教育。
- 加强教育在社会包容方面的作用
  ——提供支持边缘化学生并防止边缘化的框架。

(四)促进有利于经济发展的教育

12.促进有助于人力资本发展的教育。
- 为尚未接受过正规教育的人和希望继续接受教育的人提供学习机会
  ——为尚未接受过正规教育的人和希望继续接受教育的人提供教育服务。
- 增加对人民教育的经济投资
  ——提高教育专业化水平。

13.教育应为满足黎巴嫩市场的需求提供足够数量和高质量的劳动力,并且可以在自由就业市场中具有竞争力。
- 提高毕业生的就业率
  ——促进高等教育供给与发展需求之间的联系。
- 提供跟上全球化就业市场步伐的高等教育
  ——培养具有高等教育学位的劳动者,并使其在国际上具有竞争力。

(五)教育治理

1.转向教育与高等教育部的战略管理
——制定文件、系统和必要的机制,以制定一个满足公众关注教育需求的框架。
——使教育与高等教育部(MEHE)有能力承担教育的任务。

2.投入社会资源,制定国家一级的教育政策
——建立框架,促进公民和教育组织参与公共决策。

3.使教育管理现代化
——重组教育与高等教育部。
——促进教育与高等教育部的管理系统化。

4.提高公立学校的效率
——促进公立学校的自治管理。

5.提高公共教育管理的效率
——提高教育与高等教育在物质、财务和人力资源管理方面的效率。

6.提高教育与高等教育部的能力
——促进教育与高等教育部人力资源的发展与进步,吸引新的高素质人才。

7.促进黎巴嫩大学的现代化
——促进黎巴嫩大学行政部门的重组和现代化。
——提高黎巴嫩大学管理的效率。

8.满足公众对私立教育的关注(兴趣)
——建立系统,以合作的方式满足公众对私立教育的关注(兴趣)。

三、优先事项与建议计划

教育与高等教育部的教育部门发展计划以国家教育战略中确定的 5 个优先事项为基础。

四、工作机制和工作组

计划将通过由教育专家和有关主管部门人员组成的工作组来实施。

五、建议的资金来源

为普通教育发展计划提供资金：

总预期资金:1.02 亿美元。

资助实体:机构和捐赠国家。

教育与高等教育部在预算中持有的资金:0.20 亿美元。

计划进展所需资金:0.60 亿美元。

超过 5 年的计划成本:2.62 亿美元。

约 旦

约旦哈希姆王国,简称"约旦"。位于亚洲西部,阿拉伯半岛西北,西与巴勒斯坦、以色列为邻,北与叙利亚接壤,东北与伊拉克交界,东南和南部与沙特阿拉伯相连,西南一角濒临红海的亚喀巴湾是唯一出海口。西部高地属亚热带地中海型气候,气候温和。

约旦系发展中国家,经济基础薄弱,资源较贫乏,可耕地少,依赖进口。国民经济主要支柱为侨汇、旅游和外援。阿卜杜拉二世国王执政后,大力推行经济改革,改善投资环境,积极寻求外援,扭转了约旦经济长期负增长或零增长的局面。1999年约旦加入世界贸易组织。2004—2008年经济增长率超过8%。2009年以来,受国际金融危机影响及西亚北非地区局势动荡冲击,约旦经济增长速度下滑,约旦政府加大对经济调控力度,并在金融、基建、招商引资、争取外援等方面采取相应措施,取得一定成效。

约旦是世袭君主立宪制国家,国王是国家元首、三军统帅,权力高度集中。议会设参众两院,实行多党制。长期以来,约旦政局较为稳定,但也存在贫困、失业、巴勒斯坦难民等经济、社会问题。2011年西亚北非局势动荡以来,约旦推出全国对话、更换内阁、惩治腐败、修改部分法律、提前举行议会选举等一系列举措。目前局势总体平稳。

约旦公民文化素质较高。国家重视教育事业,实行10年免费义务基础教育。高中教育为非义务性专业学习,学制两年。全国共有10所公立大学和19所私立大学,主要有约旦大学、雅尔穆克大学、约旦科技大学、哈希姆大学、穆塔大学、艾勒·贝塔大学、侯赛因大学、拜勒加应用大学等。另有51所中专院校。

注:以上资料数据参考依据为中国外交部官方网站约旦国家概况(2020年10月更新)。

约旦国家教育战略(2006年)

前 言

教育部发布了2006年国家教育战略,该战略旨在实现两个主要目标:

——在实施年度发展活动时,指导教育部未来五到十年的运作发展。

——确定相应的战略、机制以及方法来实现我们的愿景以及使命。

我们会根据关于约旦的教育系统与政策的国家基础的1994年第三号教育法的整体理念、目标以及政策来达成这些目标。

该战略是关于人力资源开发对约旦未来的重要性的审议的结果,以便实现经济和社会的综合发展,并执行阿卜杜拉二世国王陛下的指令。国王陛下的这些指令侧重于阐述在世界范围内竞争的国家经济的重要性。

我们希望本战略能够完成指导教学项目以及教学实践的方向的目标,以此来为学生提供知识经济所需的技能。

概 述

教育一直是阿拉伯文化以及伊斯兰文化的重要组成部分。它在代代传递伊斯兰信仰、公民的权利和责任以及约旦的核心价值观,如尊重他人、诚实和热爱祖国方面发挥着重要的作用。约旦一直力图作为一个现代国家在世界版图中占据一席之地,而教育在这其中有着更加重要的意义。约旦拥有的自然资源很少,所以约旦的人力资源逐渐在市场发展、人民的繁荣、健康以及安全方面成为取得成功的关键因素。约旦的目标是拥有负责任的、自信的人民,希望人民是创新性的学习者,可以参与到重要议题和问题的反思以及创新性思考中。

教育是提升劳动力市场质量的主要机制,所以它是鼓励约旦经济投资的关键因素。为了实现成为中东信息技术枢纽的目标,约旦着眼于新的技术和知识的获得以及国家对于终身学习的承诺。全球的商业环境强调重视在管理信息以及应用知识中团队合作、问题处理以及通信技术的使用方面的技能。

教育部门必须适应关键行业的就业市场需求,并且在教育系统的方方面面都要发展关键的"经济知识技能"。在适应国家需求的同时,约旦有一个健全的基础,同时也面临一些关键的挑战。在全民教育方面,约旦处于国际上的较高位置,为逐步将人力资源技能转化为知识经济提供了坚实的基础。近些年,约旦学生在国际数学与科学趋势研究中的排名上也取得了重大的进展。在 2003 年，约旦的八年级学生在科学部分的排名位于阿拉伯国家中的首位，数学排名第二。

然而，与其他国家相比，约旦的幼儿教育入学率仍然较低，这是缺乏民众可以负担的幼儿园以及低收入人群缺少教育意识而造成的。另一方面，除了中等职业教育的入学率特别是女性的入学率在不断下降之外，约旦的基础教育以及中等教育入学率位居该地区榜首。相对于经济规模来说，约旦的教育公共支出相当高，同时也被认为十分有效。学校教育在公共支出中的份额不断增加。教育部每年的预算都要占政府预算的 12% 左右，占国内生产总值的 4.1%，并且几乎用于基础教育以及中等教育。由于约旦教育计划、学校学习设备计划和学校计算机配置计划的实施，在扩大公立学校的信息和通信技术基础设施方面取得了显著进展。

能够培养创新型人才的教育体系对于约旦来说，是其发展知识经济教育系统的基石。要做到这一点，教育系统本身要有能力来创造一种鼓励个人用创新的方式去思考的环境，去用创新的办法解决问题，并且能够从中有所收获，并将收获应用于更广阔的系统中去。

介 绍

本战略符合约旦 1994 年的教育法案的整体理念、目标以及政策。

约旦教育制度的理念是以神圣的信仰为本，同时坚信人的价值、权利以及自由。一些重要的影响也促成了这一理念的形成，其中最重要的就是阿拉伯大革命、伊斯兰文明以及约旦宪法。在此背景下，教育的总体目标是培养那些信仰上帝、忠于国家和国王的公民。国家教育战略是对人力资源开发对于约旦未来发展的重要性的深入讨论的高潮，也是关于国家综合社会和经济改革方案的重要组成部分，而这其中一个关键的部分就是教育。

这一想法主要来自国王阿卜杜拉二世，他强调了集中精力进行人力资源的开发，通过知识经济支持来提升区域领导力，强调了国际竞争力的重要性以及国内经济活力的重要性。

约旦的整体教育方法是通过普通教育改革所支持的教学方法以及实践，来培养具有成功实现知识经济所需方向以及技能的毕业生。这种方法需要一个彻底的转型过程，从传统和集中转移到分散的协作和注重学习过程、主体成果的系统。

关键的知识经济技能

学术技能

沟通技巧：
- 理解并且可使用业务所需语言。
- 有效地撰写、理解图表以及其他的展示信息的技术形式。

思维技巧：
- 在评估情况、解决问题、做出决策时使用批判性和逻辑性思维。
- 理解并能够解决数学问题并且使用其结果。
- 有效利用技术、仪器、工具信息系统。
- 能够应用各个领域的专业知识。

个人管理技能

积极的态度和行为：
- 自尊、诚实、主动。

责任感：
- 制定目标以及优先事项。
- 计划以及规划时间。
- 对于采取的行动负有责任。

适应性：
- 在做事时提出新的有创意性的想法。
- 对于改变保持积极的态度。

团队精神：
- 通过团队来解决问题。
- 理解雇主的目标，并且为目标实现做出贡献。
- 与他人共同计划以及做出决策。

展望：为所有人提供当前以及未来所需求的终身学习的经验。

任务：基于"卓越"创建并管理一个教育系统。

一、国家教育的展望以及任务

2002年底制定并通过了国家教育的展望以及任务，指出了国家的普通教育的理想方向。两份主要的协议文件使国家展望目标得以形成，并且为从幼儿教育到终身学习教育的教育改革指明了方向。其中，第一个是于2000年制定的约旦愿景2020模式，该模式重点强调了教育需要响应经济发展举措。第二个是关于2002年的"未来教育展望论坛"的议事程序，其中阐述了国家改革战略以及高等教育、普通教育、技术教育的实际改革方案。经济咨询委员会于2002年10月通过了论坛提出的总体策略。

国家发展战略和论坛成果合并为具体发展规划。管理计划是于2003年由计划部门联合提出的社会经济转型计划。对于教育部来说，有三个与之相关的蓝图。第一个是普通教育计划，将所有的管理展望以及计划文件整合成为全部门五年计划。第二个是知识经济的教育改革项目，现在由世界银行以及其他资助者和捐助机构提供支持，由教育部门展开实施。第三个是约旦教育倡议，是在世界经济论坛领导下的一个公私伙伴关系，其目标是为约旦提供支持教育改革的发展电子学习的资源以及相应的信息和通信技术部署。

展望

约旦拥有具有竞争力的人力资源体系。该体系可以为所有人提供终身学习经验，以满足当前以及未来的需求，并且通过受教育的人员以及有技术的劳动力来回应并且刺激经济的持续发展。

任务

建立以及管理一个基于"卓越"而形成的教育系统，以人力资源为本，致力于高标准、社会价值观以及健康的竞争精神，为国家的"知识经济"贡献力量。

关键原则

- 约旦教育系统的理念基于约旦宪法以及约旦的国家经验。
- 约旦的教育必须对现在以及未来的需求做出反应，并且与国家和社会的经济发展联系起来。
- 一个优质的教育系统保有高度的道德价值观，提升卓越并且重视学习者的需求。
- 一个优质的教育系统能够普遍地提供获得平等教育的机会，提供平等的服务，获取现代信息以及通信技术的机会。
- 一个优质的教育系统能够提供最好的教学以及学习，并且提供基于嵌入式学习成果的标准指标来衡量学生的高水平成就。
- 为所有约旦人提供终身学习的机会，以使他们能够跟上经济结构的变革以及公民身份的快速变化。
- 约旦将通过教育系统、高等教育、培训体系以及商业工业体系有效的链接以及合作，从而发展人力资源来承担相应的快速的经济发展。
- 对于政府、教育以及企业提升人力资源决策来说，与国际和地区伙伴在经济和教育领域的研究与合作是十分必要的。
- 在教育系统体制下促进社区的教育实验、创新和社会责任对于实施理想的变革是很有效的支持。
- 在社会各方面，特别是直接受教育系统影响的方面，进行有意义的协商可以保证教育系统在开展的方向上有共同的认识，有助于在实施所需变革时做出集体努力。
- 展望和使命必须始终如一并且牢固地融入政策以及决策制定中，必须将各级教育计划信息化。

策略

为提升对于展望和任务的理解以及使用，教育部将会做到如下方面：

- 确保展望以及任务经过了利益相关者的广泛讨论、理解以及验证，以此来实现他们的共同的理解以及承诺，并且为普通教育的目标和优先项建立共识。

● 在改革中以理想和使命指导改革和改善教育制度的计划和投资，同时完善教育系统。

● 定期根据经济和社会的要求来提升和调整展望以及任务，并且根据普通教育系统的运作来调整内容。

● 对于各级的学习者、教师、学校以及政府部门给予鼓励、认可并且奖励创新。

● 设计以及实施一些机制来使学习者、教师、校长和教育管理者能够有机会接触、分享并且利用广泛的创新和创意的学习以及管理方法。

● 评估并且捕捉到来自个人创新的实践以及经验教训，并且将其应用到所有系统之中。

● 在所有政策、项目以及实践中都将性别观点纳入主流。

二、治理、管理以及领导

教育部将通过适当的授权以及责任制度来管理教育系统，促进与当地社区和私人部门的合作伙伴关系，并且通过当前可靠的系统状况信息来管理教育系统。这种分布式的领导方式将重点放在质量监测上，而不是任务完成上。

未来的教育系统的治理、领导以及管理与现在的教育体制十分不同。决策制定将会被转移到更合适的层面上，以此来提升教育系统的性能以及质量。管理和行政的结构、功能将会有展望以及任务作为指导，并且也将由体系运作情况的分析数据以及信息来指导。最高级别的领导的积极性是成功管理的关键因素。然而，我们也要鼓励并且支持所有层面的领导力以及创新力。

学校是教育系统组织中关键的因素，并且因为校长得到的支持越来越多，所以有更多的决策制定权力将会被下放到学校层级。在有效率的学校领导带领下，拥有完善的计划和行动的学校可以完善学习者以及学校的表现，同时也能够使得约旦保持高等教育的成功。决策制定转移过程需要透明化，并且明确教育部对于责任制和问责制的期望，以支持教育系统的持续改进的表现。

关键原则

● 对于教育部主管部门支持的教育改革的成功，教育部的高层管理的可见化和普遍化十分重要。

● 教育部的关键作用是在策略和政策制定层面的知识管理和创新上。

● 有关部门和学校的关键作用在于在地方层级进行运作管理。

● 教育系统的主要组成部分是学校，主要的教育负责人是校长。

● 受到决策影响最大的人是做决策的最佳人选。

● 教育系统内的决策制定过程的透明化将会改善决策和行动的质量。

● 所有体系内的员工都有潜力为教育部和学校的改善做出重大贡献。

● 通过对培训和积极有效表现的确认的准备，机构重组的有效性将会得到提升。

策略

为使治理、管理和领导力得到提升，教育部将会做到以下几点：

- 不断重新思考和定义治理、领导以及管理教育系统的任务的角色，并且评估和提升他们的知识、技能以及态度。
- 在整个教育系统中的各个层面都设立相应的考核标准，尤其是对于教师以及管理人员的表现要设立相应标准。
- 要明确、发展和支持学校领导、项目领导以及团队领导的性别敏感意识。
- 要对学校管理人员、相关部门工作人员和教育部人员进行领导力培训，以此来支持在性别平等框架下的各层级的新的组织架构。
- 委派代表、权力下放以及分散决策制定的权力，确保决策的透明度和与受影响者的密切关系。
- 开发并且使用可以提供准确、及时和适当的信息以及分析的信息系统来为决策制定提供信息。
- 根据对于证据、管理信息、绩效指标以及成本效益分析的客观分析来制订计划，以进行预算。

三、学习者

无论性别、种族还是经济地位有何不同，所有的学习者都应该有机会接受教育，并且在获得现代信息和通信技术中都拥有平等的服务。在现行的普通教育制度中主要根据年龄以及水平来划分学习者（10年义务教育）。然而，将教育引导向知识型经济的新的展望拓宽了这一定义，其中包括幼儿教育、尚未完成正规基础教育的人以及有终身学习需要的人。

教育部致力于为天才学习者、有困难学习者或者身体、心理或精神上有障碍的学习者以及偏远地区学习者、不同文化以及宗教背景的学习者提供教育项目，但其也承认这对于有限的财政资源来说这是个挑战。

关键原则

- 学习者有着不同的学习能力、不同的学习方法、不同的学习速度。他们为学习过程带来了独有的特征。教育系统的一项任务就是充分发挥每个学习者的潜能。
- 相较于其他的学习者，一些学习者处于劣势位置，他们需要特殊的策略以及计划来实现他们的基本学习成果。
- 对于个人学习者来说，早期的幼儿教育带来早期的成功可能性较大，所以可以为社会带来社会效益和经济效益。

策略

为了向所有的学习者提供平等的教育机会，教育部将会做到以下几点：

- 提供低成本、高质量的教育系统，从而使所有的学习者可以通过使用各种方法以及资源包括通信技术来收获学习成果。

- 从幼儿教育开始扩大优质的教育,特别是针对贫困地区,将其作为提升儿童接受教育的意愿的手段。
- 设计和实施优先分配财政资源的流程,以此来为所有人提供接受教育的平等机会。
- 通过诊断测试、专门的课程以及资源支持,对有特殊需求的学生制定规范,包括身体或者心理上有困难的学生以及天才学生。

约旦教育倡议

约旦教育倡议是于 2003 年 6 月在世界经济论坛的支持下发起的一个公私合作的伙伴关系,并且定位于一个能够跨区域提升社会以及经济发展的机制。约旦教育倡议发起的目的是通过有效地使用信息通信技术来提升教育水平,并且展示信息通信技术对于学校以及学生十分有利。该计划支持在 100 所学校中分发关于数学、科学、阿拉伯语、信息通信技术和英语的电子学习材料。

四、课程和评估

课程体现了约旦人的核心价值观和信仰以及对社会未来的展望。

课程是教育系统的核心所在,因为它阐释了学生应该学到什么,课程更新是约旦教育改革战略的核心要素。其他所有教育以及管理流程都与教育改革直接相关联,并且支持课程改革。课程体现着约旦人的核心价值观和信仰以及对社会未来的展望。因此,课程、评估以及资源的改革必须反映出国家文化的目标,这些目标可以被转化为学习者在学校阶段必须获得的知识、技能以及态度。新的课程也将得到适当的教师实践指导以及评估的支持,同时也会得到最好、最合适的学习资源的支持。约旦试图改善教育体制将会对学生的学习以及其在之后的高等教育和工作中取得的成就产生影响。

教育部将会确定其内容、活动以及评估信息,用于帮助学生拥有一整套全面的可衡量的学习成果。它将与约旦社会各方利益相关者包括社区领导、家长、企业以及高等教育领域相关人士进行协商以及合作。《课程与评估总纲(2003)》是学习成果的必要组成,它还为核心课程的开发提供了指导,帮助整合了课程领域,协助确保课程的整体一致性以及综合性,并且展示了评估方法。

学习的核心成果是帮助学习者解决了知识、情感、生理方面的发展需求,同时使每个学生为公民身份、父母问题、高等教育以及工作场所中可能遇到的敏感问题做出准备。作为教育系统的产出结果的核心,大量的关于报告、管理、规划、质量保证以及决策的活动都需要及时、一致、有效以及可靠的信息,这些都是提高教育系统的效率所必需的。

有效的课程计划和发展、课程质量提升、教学、资源分配、教师培训以及人事政策都需要准确处理。这些事情所需要的数据都可以通过结构良好的教学评估来获得,该系统也反映了国家的需求并且适用于国际竞争。

关键原则

- 整个课程的教育目标是培养学生能够在智力、身体以及情感上面达到全面人才的要求。
- 该教育系统可以使学生为学校之外的生活做好准备，包括日常生活、职业生涯公民身份以及接下来的受教育生涯。
- 该课程跨越学习主题以及学习技能的领域，并且做到无缝隙衔接。
- 从参与未来的知识经济角度来说，学习过程比学习内容更加重要。
- 随着时间的推移和年级的增长，学生对于自己进行学习评估的责任也不断增加。
- 学习评估为学生们的表现提供了相应的信息。
- 本课程旨在培养学生在沟通、信息管理、数字运用、批判性思维、创造和创新、解决问题、个人管理和团队合作等方面的能力。
- 分析、综合、评估以及应用上面获得的高级技能是学习成果的一部分，同时也是评估策略的基础。
- 技术的使用会帮助我们获得必要的学习成果。

策略

为了使教学课程最大限度地发挥其效果，教育部将会做到以下几点：

- 与课程改革的利益相关者就课程改革进行广泛、定期以及持续的协商，提出课程学习评估的框架。
- 确保学习成果以及核心课程源于课程总体评估框架，同时符合教育展望以及国家教育系统的任务和目标。
- 使学生、老师和其他个人以及机构能够接触到并且广泛地使用相应的学习方法，以获得预期的成果。
- 确保对学生的成绩有合理的评估，包括评估老师和学生提供的反馈意见，这样便于国家根据国际评估标准和流程来提升教学水平，将会对包括高阶思维和解决问题的能力等知识技能与标准进行对照。
- 改革课程有效地利用信息通信技术来平衡传统学科和学习成果。
- 为学生提供一系列的课外活动，包括体育、音乐、文化与艺术，这些活动都是由学校所处的环境决定的。
- 修订职业规划以及课程，以此来适应劳动力市场以及国家职业培训体系的当前和预期要求。
- 强调国家的道德和宗教教育，以及泛阿拉伯文化，同样也强调符合国际标准的科学以及应用学科的要求。
- 强调性别角色以及它们对于国家可持续发展的影响。

五、支持学校教育

学习结果和学习方法决定了产生有效学习所需的人力以及物力。物资、经验、设备、科技、教师、管理者以及相应员工都是支持学习的资源。

教育系统面临的主要挑战是在紧张的财政环境下为教学最大限度地提供支持。我们需要有创意性的解决方案,以确保最有效的资源供应和支持。

教师是教育改革体系中个体学习的主要推动者以及管理者。教育部认识到,对于教育改革计划来说,教师队伍的高素质和教师的角色转变是成功的关键。教师不再是知识的提供者,而是学习的推动者和评估者,教师仔细地指导学生按照预期学习成果的目标而前进。教师将会使用多种多样的学习资源和教学策略,根据一个学习管理体系来评估和报告学生的表现。

教师角色的转变需要新的知识、技能、态度以及教师培训,这在教育系统的投资中占有很高的优先位置。教师不仅仅能够履行自己的新角色,而且能够因为其优异的表现而得到大家的认可。

关键原则

- 普通教学成果和特定教学成果决定了所提供的教学资源的种类和质量。
- 当学生和教师可以接触到多种多样的电子学习资源时,学习成果将会得到加强。
- 当教师和管理者的促进学习资源发展的合作活动得到更多鼓励时,学习就会更加具有意义。
- 信息和通信技术的逐步使用将会提高学习的效率,并且促进有效的学习管理。
- 课程的实施和学生的学习成果都将会得到教师培训、指导、监督以及可持续职业发展活动的支持。
- 认识到教学专业性质的标准将有助于把教师培养成学习的辅导员,而非知识的传播者。
- 国家认可的实践标准将成为教师、主管以及校长培训的基础。
- 教师在教学中立即应用新知识和技能的培训项目将会改进教学实践。

策略

为了最大限度地利用对于教学的支持,教育部将做到以下几点:

- 审查、分析以及整合所有的教学资源部署,以确保课程的成功实施。
- 允许学生和教师可以接触到所有被批准使用的学习资源,并且分享补充的学习材料。
- 为学习资源的获取和部署制定质量标准。
- 将信息通信技术作为一种工具、一种学习资源使用时,采用国际标准来衡量。
- 将所有学校都连接到高速的宽带学习网络上,在一个有效的财务框架内提供低成本的电子学习资源。

- 根据学校校长与董事会成员的合作来发展教师选拔过程,并且根据标准来确定最适合职位的候选人。
- 根据实践标准提升教师、校长以及管理者的能力水平。
- 根据预期结果不断地评估培训计划,并根据结果做出相应的调整。
- 根据高等教育、科研以及大学的实际情况,审核并制订一套新的教师培训计划。
- 为更有能力的教师提供机会来分享经验并且指导其他的教师。

六、学习环境

学习环境包括学校建筑、设备以及周围环境。为学习者提供一个有效的学习环境是国家未来的主要投资方向,学生们在一个被支持的氛围中学习,未来将更有能力为社会做出贡献。最有效的学习环境,无论对于群体还是个人来说,都会对智力、身体和社会产生影响。

与提供充足的设施同等重要的是,确保学生可以入学。教育部有必要鼓励所有学生参与学校教育,这可以通过针对贫困地区的学校食品供应计划、各种各样的课后活动以及课外活动来实现。

关键原则

- 为了保证学生的在校学习,学校的设施必须达到安全以及清洁程度的最低标准。
- 班级规模、上课时间和学生的学习空间对于学生的学习都有影响。
- 现在的学生可以为新学习环境的设计以及维护提供有价值的信息、见解和支持。
- 当地社区参与有关学习环境设计和改进的活动,有利于为建立积极的学习场所做出贡献。
- 作为教育的领导者,校长在确保积极学习环境的建设以及维护方面发挥着领导作用。

策略

为了促进学习环境最大限度地达到良好效果,教育部将会做到以下几点:

- 对有效地达到学习环境进行持续的研究以及发展,对于约旦环境研究进行分析,为对于建设和维护有效学习环境负有重要责任的员工提供培训项目。
- 从幼儿园开始扩大儿童的早期教育,特别是针对农村以及偏远地区的弱势群体。
- 让学生、教师、校长以及社区都成为参与者,为有效、安全和健康的学习环境的发展、实施以及维护做出贡献。
- 将财政资源优先分配给学习环境的建设以及相应问题。(例如不安全、不卫生以及不健康的问题)

- 学生家 4 公里范围内应该有初级学校，6 公里范围内应该有中学，并且对于在规定距离之外的学生有合适的选择。
- 执行质量保证以及审核程序，确保对所有的学习环境进行定期维护。
- 在未来的十年内，通过合理化的整合来消除双班制的学校，减少人数少于 400 人的小型学校数量。
- 通过对学习环境进行周期性评估来监督每一所学校的改进情况。
- 制订并实施长期计划，来资助、维护、更新目前新学校的信息通信设备。
- 对于学校设施和资源制定相应的指导方针以及标准，如图书馆、科学计算机实验室、设备、课本以及其他学习材料。
- 制订和实施具体的计划，以此来确保全面的基础教育，提高中学的入学率。

教育系统指标

教育部将做到以下几点：

- 从学校收集的数据中整合生成适当的统计指标。
- 根据已达成的指标，制定和完善学习政策。
- 收集、分析和报告相应指标结果。
- 根据各项指标的详细分析，为教育系统制订中长期计划，包括课程的实施、学生的表现、国际上的比较、区域和社会经济差异以及教育趋势。

七、财政责任以及问责制

教育质量的提高必须以一种可负担得起的可持续成本来实现。需要大量的资金进行经常性的投资来资助教育系统的发展。然而，政府在扩大和改善教育方面的财政资源有限。除了用外部资金来资助教育改革之外，约旦还必须解决改革后的教育体制所带来的长期影响。目前，不仅需要提供新的设备，还需要提高新购买的电脑和设施的使用率，这些都是相当大的挑战。

关键原则

- 为儿童提供基础义务教育是最基本的，因为教育工作对于社会的发展和个人的生存发展是至关重要的。
- 政府通过公共教育支出来说明教育的重要性。
- 所有的资源都要尽可能地有效利用常规预算。
- 教育部与当地政府、非政府组织以及私人企业共同合作，减少公共教育的财政负担。
- 对于学习来说，我们可以提高利用率，比如对小学校进行合理化的改造。

策略

为了提高效率，教育部将会做到以下几点：

- 根据实现教育改革的目标的政策和战略目标，优先考虑当前的支出。

- 分析当前的采购和维护、重置成本,以此来指导预算支出决策。
- 通过监督以及审查支持来评估战略目标的进展,并将结果进行反馈。
- 设计和实施教育支付、支持以及管理系统,使其具有成本效益、可持续性以及有效性。
- 制订支出计划以降低成本。
- 评估各种信息通信技术的选择,考虑学生的学习效率以及可承受能力,做出负责任的决定。
- 探索与国家青年教育有关的教育系统的财政负担。

八、合作伙伴关系与联系

在试图通过教育改革将自己转变到知识经济社会的过程中,理解和拥有公共教育是十分重要的。教育部将会寻求机会,在相关的教育改革辩论中,与利益有关方、合作伙伴进行接触和讨论。在扩大和加强关键领域的改革方面,有许多潜在的价值以及好处。

教育改革的过程是复杂且富有挑战性的,特别是在短时间内,完善教育各个领域内的变革需要高水平的资源应用,除了约旦政府所进行的投资之外,我们需要与其他部门建立伙伴关系并且建立起联系。有效的伙伴关系可以在质量和可持续方面提高教育改革的成功性。

关键原则

- 公立学校与家长、家庭和地方社区之间的伙伴关系对于重大教育改革的成功十分重要。
- 发展终身学习的机会依靠其他部门、国家以及国际机构的合作伙伴关系。
- 教育部与国际企业的伙伴关系有利于双方互利合作。
- 各层级的区域伙伴关系为一系列议题提供了辩论的机会,比如文盲问题、性别平等问题以及社会包容问题。

策略

为了促进合作伙伴关系,教育部将会做到以下几点:

- 培训和支持学校领导者在地方层面上开展活动,来提高社区和学生生活的积极性。
- 评估学校作为知识和其他活动的资源中心的好处。
- 在社区层面建立伙伴关系,使学生、家长、教师、学校管理者以及企业领导都参与其中。
- 发展和维护国家层面上的利益相关者以及合作伙伴,同时就改革方向进行沟通和协商。
- 审查社区外的实践活动,以此促进教育、商业和工业之间的广泛接触和协调。

- 同高等教育部门和科学研究部门进行合作,促进学生顺利过渡到高等教育,确保国家的高等教育目标的实现。
- 通过高等教育部门和科学研究部门与教师的准备培训工作建立伙伴关系。
- 与劳动部进行合作,为毕业生提供就业所需的技能和能力。
- 鼓励和支援部门和非政府组织的伙伴关系,在提供中等教育的同时,强调职业教育和针对贫困儿童的教育项目。
- 协调和整合国家教育改革计划中的公私合作伙伴关系,努力消除差距,促进学校和社区的综合服务。
- 探索和发展与国际组织、国家组织、地区组织以及各机构的进一步伙伴关系,进一步促进全约旦的优质教育事业,为地区教育、社会的经济发展做出贡献。

约旦教育改革面临的挑战

教育部面临的挑战有以下几点:
- 中央集权制的教育体制使得地方教育部门有着重大责任,却几乎没有实权。
- 因为约旦教育课程主要关注的并不是知识经济技能,所以学校的教学内容和知识经济需求之间需要匹配。
- 应该采用批判性思维和解决问题的教学方法,而不是死记硬背式的教学。
- 以团队为导向,以经验、活动为基础,以探索为本,注重实践应用原则,而不是以授课为中心。
- 拓宽职业和商业化敏感程度,以应对满足当前的劳动力市场需求,减少职业专业化的数量。
- 减少缺乏适当和充足的学校资源的、不安全以及拥挤的公立学校的数量。
- 为低收入家庭提供儿童早期教育的平等机会。
- 为男孩、女孩提供平等的入学机会。

预期成果

儿童早期教育:
- 扩大幼儿园的入学率,特别是弱势群体以及贫困地区的儿童入学率,以此作为一种手段来保证持续贫困地区有更多的机会。
- 实施新的全国幼儿教育课程。
- 以国际实践为基础,制定学习目标和标准。
- 教师能力标准化,使之达到更高的标准。
- 为教师、校长和管理者提供广泛的教师培训。
- 通过公共资助来建设新设施项目,并对其进行翻新和改善。

基础和中等教育
- 改革一到十二年级的所有课程。

- 为未来学习和就业强调知识经济的技能。
- 实施新的评估方法和报告机制来促进学习。
- 提高教师培训质量,以此符合国际标准。
- 提供更加广泛的资源来支持学习进程。
- 将焦点从知识的获取转移到能力的展示上,特别是在问题解决以及批判性思维方面。
- 认识到不同的学生有着不同的学习方式。
- 在财政允许的范围内,为学生的学习差异和学习需求提供便利。
- 鼓励有特殊需要的学生、有天赋的学生以及可能会辍学的学生。
- 建立更加紧密的社区关系。
- 与未来职业发展建立更加清晰的联系。
- 开发和改进学校设施与资源。

技术和职业教育

- 应对劳动力市场的需求和技术变化,做出反应和调整。
- 与国家和行业之间的培训计划、劳动力市场需求之间联系起来。
- 发展学生和教师对于工作场所安全的认知。
- 使学生在更加广泛的领域中拥有就业机会,而不受到文化和工作类型的限制。
- 通过为学生提供更加正确的信息,使学生能够恰当地选择职业。
- 提高学生对于就业的意愿。
- 在教育系统和商业企业之间建立有效的伙伴关系,来增加私人部门对于教育的贡献。
- 通过使用私人部门和当地社区的一些设施使利用率最大化。
- 参与计划制订、策略的制定,在配型教师和职业规划中达到行业标准。
- 在私人部门和就业项目之间制定合作协议。

高等教育

- 建立学校制度以及大学教师职业资格和培训之间的联系。
- 鼓励更加务实的研究,直接适用于约旦教育系统。
- 发展结构性联系。
- 使学生能够根据兴趣和能力,而不单是凭能力来选择课程项目。
- 改革大学和职业教育的入学标准,使之与学生的中学毕业成绩水平相一致。

终身学习/非正式教育

- 将扫盲计划列为正式教育和非正式教育的一部分。
- 增加为教育、农业、文化和卫生教育中提供性别平等培训的机会。
- 为非正式教育提供教科书、学习资源和更新课程。

- 为学生设计一些支持计划,以增加他们继续在学校接受教育的可能(例如,供餐计划、课后计划、课外活动)
- 提供针对辍学者的课程,吸引他们回到正规教育之中。

结　论

为了实现我们对于未来的雄心壮志,需要政府和社会的共同努力,共同造福于国家的儿童。教育是人力资源的基石,也是约旦未来发展的动力。《国家教育战略》是通过教育系统和社会各方面的投入来进行教育系统改革的体现。教育部将会积极运用这一战略,制定相应的教育政策和计划,以实现我们在展望和使命宣言中所描述的未来愿景。教育部还将与合作伙伴一道,在不断地评估中保有本我,确保继续提高教育质量,并且能够促进毕业生获得使知识经济走向成功的技能。

约旦高等教育和科学研究法

（2009年第23号法案）

第一条

本法案以《2009年高等教育和科学研究法案》为依据，并且在公布于政府公告之日起生效。

第二条

除有上下文的情况，以下条款应具有以下含义：

部门——高等教育和科学研究部门。

部长——高等教育和科学研究部部长。

高等教育——学生在获得普通中学毕业证或者同等学力后继续接受的至少两年的学术学习教育。

委员会——根据各项规定成立的高等教育委员会。

主席——委员会主席。

高等教育机构——大学、社区大学或者中等社区学院等负责高等教育的机构。

专业领域——在任何一个高等教育机构都需要不少于一年的学术学习教育系统，并且可以成功获得相应证书。

基金——根据本法规设立的科学研究支持资金。

第三条

高等教育旨在实现以下目标：

1. 为满足社会需求而提供具有各种不同领域专业知识的合格人才。

2. 以伊斯兰信仰、伦理道德以及精神价值观为基础，增强民族归属感。

3. 支持采用民主的方式，并且完善民主做法来保障学术自由、表达的权力、对他人意见的尊重、团队合作、问责制以及遵从科学性的批判思想。

4. 提供一个支持学术研究、科研探索、符合心理和社会需求的环境氛围，这样的环境利于创新发展、精益求精以及人才精进。

5. 增强我们对于国家文化遗产、民族文化、世界文化以及学生文化的兴趣。

6. 在高等教育的所有阶段将阿拉伯语作为科学研究和教育的使用语言，鼓励将阿拉伯语作为科学写作使用语言，并且将阿拉伯语作为译出和译入语言，在这种情况下将英语作为第二种支持语言。

7. 促进科学、文学以及艺术等其他领域的知识体系发展。

8. 使学生（至少学习一种外语）在其各自领域得到发展,并且帮助他们获得在这些领域可以获取正确信息技术的手段。

9. 鼓励、支持并且升级科学研究,特别是旨在社区服务和发展的应用型科学研究。

10. 采用可以发展科学研究和技术产出的科学技术方法以及提升国家核心能力。

11. 一方面在公共和私营部门之间建立一个连贯的制度联系,另一方面也要完善高等教育机构。通过咨询和应用科学研究的方法,我们可以使得这些机构的合格人才发展公共和私立两个部门。

12. 在高等教育和科学研究方面,我们应该加强与其他国家、国际组织在科学、文化、艺术以及技术方面的合作。阿拉伯国家以及国外机构组织应该在现代发展方向上面扩大这样的合作机遇。

第四条

高等教育和科学研究部门应该承担以下职责：

1. 在高等教育机构的教育、文化、科学以及研究领域应该贯彻执行高等教育公共政策。

2. 要利用国家内的高等教育机构和咨询中心之间的协调合作,无论是公共还是私立,优先获得教育、科研以及资讯资源。

3. 与阿拉伯国家和其他国家缔结有关高等教育的科学文化协定。

4. 不管内部还是外部,代表与高等教育有关的相关国家会议和研讨会。

5. 承认非约旦的高等教育机构,同时根据以此目的颁布的法规确定的原则和标准,认证这些机构颁发的证书的等效性。

6. 制定教育部职工的教育奖学金原则,这些员工可以被派往国内外的同级教育机构进行学习。这是在奖学金管理和监督之外的原则。

7. 跟踪在国外求学的约旦学生相关事务。

8. 与相关各方一同合作管理在约旦的外国学生、国外的约旦学生以及科学代表团的相关事务。

9. 准备并向委员会提供行政工作人员和技术工作人员,这些人员可以履行相应职能并且处理后续事务。

10. 向委员会提供可使用的与高等教育以及科学研究相关的研究、信息以及数据。

11. 根据相关规章,管理能够为学生和高等教育提供服务的相关部门。

第五条

设立一个由高等教育委员会领导的高等教育部门。

1. 部门秘书长。

2. 高等教育认证委员会主席。

3. 三位有三年高级学术管理经验的学者,一次续约。

4.四名对于高等教育有兴趣且有经验的,并且来自私立部门、有三年经验的人员,一次续约。

5.三位来自约旦各大学的校长轮流任职,其中两位是公立大学校长,另外一位是做满三年的私立大学校长。

根据3、4条款任命的成员,委员会可以根据部长的建议来终止相关的成员资格,而该任命决定会与王室相关法令相结合。根据本条规定,部长、国会议员、政府官员、大学校长或者是董事会主席不得任命任何成员。委员会从其成员中选出副主席。

第六条

委员会应该承担以下责任和权力:

1.建立约旦王国内的高等教育政策,并且交由部长委员会对其做出重要决定。

2.除了按照规定和变量需要修改或者删除其中任何一个之外,我们要批准在约旦王国内建立高等教育机构,以及根据不同学习阶段设立专业领域和项目。

3.除了根据法律规定指示之外,为了实现他们的目标和完成任务,我们应该监督私立大学。

4.根据委员的相关原则,向公立大学分配政府补贴和附加费用。

5.制定学生进入高等教育机构的入学标准和原则,并且根据相关的标准确定每年每一个专业领域的学生数量。

6.任命私立大学的委员会并且批准这些大学校长的任命。

7.讨论高等教育机构提出的条例草案,并且将其转交给理事会完成法律程序。

根据高等教育认证委员会的建议,按照其法律规定,委员会还应该有以下权力和义务:取消一个或多个专业的认证许可;临时或永久暂停入学。

第七条

委员会可以在主席或者副主席缺席的情况下召开会议。如果主席或者副主席参加的话,那么至少有八名成员参加会议即为合法。委员会的会议结果应该由出席会议的多数成员的投票决定。部长应该在部门内部的工作人员中提名一位秘书,秘书的职责是组织会议议程,负责会议记录,保存记录和文件,并且对决策的实施或者是由部长指派的其他人物的表现进行追踪。理事会应对会议安排做出必要指示。

第八条

委员会内部应该成立以下组织:

1.政策分析和规划部门

该部门承担以下功能职务:

(1)收集高等教育各个方面的数据。

(2)开展高等教育发展所必需的研究活动。

(3)确认高等教育部门的财政需求。

(4)委员会指派的其他职责。

2.统一入学协调部门

统一入学协调部门应该负责处理协调学生入读约旦公立大学的相关事宜。这种协调应该根据委员会的相应原则来进行。这是由委员会指派的附加职责。

第九条

1.建立一个财务和行政独立的基金（科学研究支持资金），其目标在于鼓励和支持约旦的科学研究。

2.基金的总主任应该由部长推荐、由委员会任命，他的薪水和财政上的权力应该在任命时确定。同样，他的服务职责也应该以同样的方式确定。

3.该基金应该由董事会的成员负责监督管理：

(1)部门秘书长为副主席。

(2)财政部秘书长。

(3)科学和技术高等委员会秘书长。

(4)代表应用科学领域、基础科学领域、人类科学领域的约旦大学的三位教授。

(5)三位有经验并且代表基金不同来源的人员。

4.基金总经理。

根据第九条第三款，成员任命应该根据理事会的决定而定，一次签约为期两年。

根据本条例设立基金董事会的功能与权力、类型与其他相关事务。所提供的资金不可应用于除科学研究以外的其他方面。

第十条

1.基金的来源包括以下几个方面：

——国家总预算拨款。

——过去三年之内约旦的大学未支付的科学研究、培训、出版、会议以及奖学金的剩余分配。

——由基金支持的专利、知识产权以及技术发明的财政收入。

——如果款项来自非约旦资源，所有赠款、捐赠以及补贴应由委员会来批准。

2.基金会的资金被视为国有财产，并且遵循现行的货币回收法案进行收集。为实现这个目标，基金会总经理应行使管理权力。

3.基金会的资金和账户应该受到相应监督。

第十一条

本基金被视为科学研究支持基金的合法的继承，这是根据2005年的第4号高等教育和科学研究相关规定决定的。所有动产和不动产权利和负债都应该转入本基金。

第十二条

1.高等教育和科学研究部门应该收取高等教育私立机构的认证费用，并将其存入财政部。收取此类费用的金额和条件问题、其他相关问题将会由发布的特殊条例来确定。

2.该部门应该收取由高等教育机构颁发的认证费用和课程认证费用。所收取的费用金额将会由部门发布的指示确定。

第十三条

委员会应该发布执行这些法律的必要规定。

第十四条

2005年的高等教育和科学研究第4号文件应予以废除，但依照本法规定发布的法规在本法规定生效之日起六个月内，经其他人修改、废止或者替换，仍然有效。

第十五条

总理和部长有义务执行本法案规定。

约旦教育战略计划(2018—2022年)

第一章 情况分析

本章介绍了约旦哈希姆王国的背景与挑战、学校教育指标、教育质量和管理以及教育系统的成本和资金筹措等主要方面的概况。在实现约旦男女儿童的普及基础教育方面,约旦王国取得了显著的进展。然而,过去几年大量涌入的难民和其他叙利亚人增加了对教育的需求,因此在为约旦王国的所有儿童提供入学机会方面面临着诸多亟须解决的挑战。此外,为实现政府促进知识经济的目标,该系统仍需继续努力提高教育质量。

(一)发展背景

约旦被认为是人类发展指数(HDI)高的国家。约旦2015年的人类发展指数值是0.741,在188个国家中排名第86位。然而,所有的群体的发展速度仍然面临着挑战。例如,存在着性别之间的差距以及与贫困相关的差距。

2017年7月,世界银行将约旦从中上等收入国家重新划分为中低等收入国家。这一重新分类是根据2015年全国人口普查对人口进行分析的结果,该人口普查也解释了难民涌入和实际国内生产总值增长放缓的原因。截至2010年,大约14%的人口长期生活在国家贫困线以下,而近三分之一的人口经历了短暂的贫困。这对教育产生了多重的影响,由于来自贫困家庭的孩子很有可能不会接受通识教育,间接的费用负担(服装、交通费用、工作以补贴家用的需要)也可能会导致初等和中等教育阶段的孩子们失去入学机会,不能按时出勤,甚至是辍学。贫困迫使孩子们离开学校,因为他们需要帮助家人养家糊口。

1. 失业

在约旦,妇女和青年的高失业率在总体上较高。约旦统计局2015年进行的人口普查显示,总体失业率为18.2%。同年在第二季度15岁及以上的人群中,失业率为11.9%(男性为10.1%,女性为20%)。2015年人口普查的数据还显示,约旦经济不活跃的人口总数为3 334 031人,其中69.3%为女性。2015年约旦人的失业率为15.3%(男性为13.3%,女性为24.1%)。

2. 性别差异

性别发展指数(GDI)反映了人类发展指数成就中的性别不平等。性别发展指数衡量的是健康(出生时性别的预期寿命)、教育(男女儿童预期的学校教育年数和成人平均受教育年数)和经济资源的控制(以女性和男性估计的平均学校教育年数衡量)。2015年,约旦的女性的人类发展指数为0.670,而男性为0.776,因此导致性别发展指数的数值为0.864。这一数值意味着约旦在世界排名中列于第5组,是男女之间人类发展指数成就中平等程度较低的国家(或性别平等的绝对偏差超过10%)。同样,性别不平等指数(GII)反映了生殖健康、赋权和经济活动中的性别不平等。约旦的性别不平等指数值为0.478,在2015年的159个国家中排名第111位。在约旦,每10万名活产婴儿中就有58名婴儿的母亲因生育相关的病变去世。青少年的出生率为每1 000名15~19岁妇女生育23.2个孩子。此外,2016年议会席位中只有15.4%的女性担任职位。在教育方面,至少接受过中等教育的女性比例大约有79%,而男性约为83%。还有一个重要的挑战就是女性参与劳动力市场的比例仅约14%,而男性则约为64%。

2017年在世界经济论坛全球性别差距指数中,约旦在144个国家中排名第135位,经合组织的2014年社会机构和性别指数(SIGI)将约旦列为受歧视程度较高的国家。约旦立法的某些方面继续区别对待男性与女性,虽然有一些法律已经进行一些改革,但是妇女在控制资源和资产、公民自由和家庭法方面继续受到歧视。

3. 人口和人口统计学

在过去10年中约旦人口增加了近67%,从2005年的约570万人增加到2015年的约950万人(男性占53%,女性占47%)(约旦统计局)。这种变化主要是邻国的危机导致大量的难民涌入约旦王国。此外,约旦每名妇女平均生育率高达3.12,这也是导致约旦人口大规模增加的一个原因。2015年人口普查数据显示,约旦的儿童和青年人口非常多,年龄在14岁以下的人口约占34%,15到24岁的人口约占20%。根据这次人口普查,约旦国民占全部人口的近70%,其余居民是叙利亚人(约占13%)和其他国籍的人(约占17%,其中主要包括巴勒斯坦人、伊拉克人和也门人等)。其中大多数的非约旦人口都是难民,约旦王国不仅为其他国家的公民提供了避难所,而且为所有儿童提供了接受不同阶段教育的机会,这样的行为无疑给教育系统带来了巨大的压力。

叙利亚的危机进一步加剧了这一挑战,这一危机在2017年进入第七年。截止到2017年7月,难民专员办事处在约旦登记的叙利亚难民数量达661 114名,但却有100多万叙利亚人居住在约旦王国。在登记的难民当中,大约16%的人未满4岁,22%的人年龄在5~11岁,14%的人年龄在12~17岁。叙利亚难民儿童数量在双班制学校增加。

(二)教育背景

约旦的国家教育体系发达。对于约旦人来说,截至2015年,该国实现了男孩和女孩基础教育的普及,并且在预期的学校教育年数(女性13.4年,男性12.9年)和平均学校教育年数(女性9.7年,男性10.7年)方面的比率很高。通过知识经济教育改革计划进行的教育改革以及为不断改进付出的努力才促成了这一系列的成就。然而,如上所述,教育系统仍面临着严峻的挑战,即为居住在约旦王国的所有儿童提供教育和提高教育质量。除了教育部的教育战略计划之外,国家人力资源开发战略(2016—2025)还概述了在获取、质量、问责制、创新和思维方面克服约旦教育部门的外部和内部挑战的战略。

学校教育模式:

全国的学生大多数都是在基础教育水平(1～6 和 7～10 年级),在幼儿园(KG2)和中学阶段入学的儿童明显较少。

除了幼儿园之外,约旦的普及教育几乎已经完全实现,因此幼儿园的普及将是未来五年政府的优先事项之一。在接受教育的方面,约旦男孩和女孩的情况明显好于叙利亚和其他国家的情况,约旦儿童在幼儿园和基础教育上实现了性别的平等。在中学阶段,约旦男孩的毛入学率低于女孩。这可能是由于贫困和男孩作为非熟练劳动者进入劳动力市场的需要,导致男孩辍学率更高。在另一方面可能也反映了男性公立学校质量较差,因为男教师往往从事不止一份工作。

叙利亚人在所有教育水平上的受教育程度都明显低于约旦人。约旦政府承诺在本计划期间增加叙利亚难民接受教育的机会。在教育水平方面,叙利亚女孩在中学阶段处于最不利地位。

(三)儿童早期发展

国家人力资源开发战略认识到儿童早期发展在提高质量和为终身学习奠定基础方面具有重要作用。约旦王国的儿童早期发展包括三个级别:托儿所,KG1(幼儿园)和 KG2(幼儿园)。托儿所/日托和 KG1 级别由社会事务部和私营部门处理。教育部的主要职责是 KG2,包括私人 KG2 课程的质量保证、许可和监督职责。

1. 获得儿童早期发展

由于人口不断增长,对幼儿发展重要性认识的提高以及职业母亲数量的增加,约旦王国对 KG2 的需求也在不断增加。此外,约旦政府正在向强制性的 KG2 发展,这将进一步增加对儿童早期发展的需求。由于非约旦儿童的入学率较低,近年来 KG2 的入学率较低且略有下降。

2015 年,教育部开设的 KG2 课程入学人数仅占 KG2 总入学人数的 30%。随着约旦政府越来越重视儿童早期发展,教育部的入学率在过去四年中(2014 年、2013 年、2012 年、2011 年)增加了约 7%。

进入 KG2 的主要障碍是全国幼儿园的供应有限,父母对子女入学的兴趣有限以及扩大该部门的财政资源有限。

2. 儿童早期发展的质量

教育部已在各级教育的行政和技术问题上制定了质量标准。根据这些标准,约旦 KG2 幼儿园教育的质量在过去几年中有所改善。在 2012—2013 学年,只有 78% 的公立学校达到了总体质量水平,而在 2015—2016 学年,几乎 94% 的公立学校达到了这一水平。

优质的学习成果受到学校设施、课程、教师和学生的支持与监督以及教师资格和专业发展等因素的影响。KG2 是教育系统中的一个领域,其中建立了有效的职前教师教育计划。因此,在 2015—2016 年度,99% 的政府 KG2 教师都是合格的。截至 2015 年,KG2 班级中近 60% 的儿童也从学校供餐中受益。教育部及其合作伙伴的其他举措正在帮助改善儿童早期教育的质量。例如,有一项鼓励父母参与子女教育的方案。另一项计划是在幼儿园使用技术和教育软件。此外,还开发并提供了早期阅读和数学项目(RAMP),以提高儿童学习,改进学习材料的准备程度,并更好地帮助教师和行政人员提供有效的指导。该计划的早期结果表明,参与课程中仅有 76% 的儿童被评为"准备好学习"。

幼儿园水平的教育仍需要提高质量。首先,课程需要进行审查,以实现幼儿教育的现代化。其次,幼儿园阶段的监测、评估和问责制的质量较差。因此,需要对幼儿园的质量保证体系进行审查、评估和强化。另外,虽然大多数教师都是合格的,但为了继续提升教师的技能水平发展,现有教师仍需要持续的职业发展机会。此外,还需要从性别角度审查和更新幼儿园教师综合培训手册。大学和学院在幼儿园教师(所有女性)的准备、培训和提升技能方面的协调也很差,需要得到加强,以进一步提高幼儿园教师的素质。第四,大多数 KG 班级和教师对信息和通信技术的使用有限。

教育部已经开发出符合卓越和创造标准的幼儿园认证体系,但尚未经过测试和评估。随着幼儿园规模的不断扩大,对这一系统的改变也需要完全遵守 2015 年第 130 号私立教育机构的修订制度。教育部内部机构的能力和对员工的低水平培训都是实现幼儿园领域必要的改进所必须面对的挑战。

(四)基础教育和中等教育

约旦的基础教育和中等教育制度发展良好,即约旦的学生在基础教育和中等教育阶段普遍入学。近几年教育系统面临的挑战导致教育系统面临更多的压力,包括人口增加、地区危机、文化多样性和难民的地理分布。在农村地区,父母往往会将男孩送到学校。但是,其他国籍的儿童入学率要低得多。这与文化信仰有关,例如叙利亚女孩的早婚现象和男孩童工现象的普遍,这两项都是旨在提高约旦学校难民入学率而面临的主要挑战。教育部的目标是与当地和国际社会合作,加大力度应对这些挑战,特别是为这些学生提供安全的教育环境。

1. 入学与公平

在 2013—2015 年中,参加基础教育和中等教育的约旦学生人数已超过 1 000 000 人。这一学生人数的增长导致了教学资源的紧张,并增加了双班制学校的数量,同时也增加了对基础设施和学校环境的压力,减少了这些学校儿童的教学时间,最终导致教育质量的下降。

其他国籍的正规教育学生人数减少,因此教育部与其合作伙伴共同努力,使叙利亚儿童能够接受教育。双班制的学校数量有所增加:2012 年,共有 116 929 名学生分布在

248所学校,而2016年,有235 952名学生分布在250所学校。收容最多叙利亚难民的省份(安曼、马夫拉克、伊尔比德和扎尔卡)也拥有最多的双班制学校。虽然双班制使成千上万的叙利亚儿童能够上学,但也缩短了许多学生的上课时间,因此这引起了约旦人家庭的担忧,他们担心这会降低为子女提供教育服务的质量。

大多数叙利亚学生都就读于双班制学校,而约旦学生中只有不到20%的学生就读于双班制学校。

尽管基础设施(建筑和维护)成本很高,但约旦王国一直在努力确保所有儿童都能获得适当的教育。学生数量逐步增加,因此为了增加学生的受教育机会,需要租用学校建筑,特别是在人口密度高的地区,政府拥有的土地资源短缺。但是,租用的学校建筑不符合政府的学校标准,并且没有与其他教育部直属学校相同的设施。政府一直在努力减少约旦王国租用学校的数量,这些学校约占教育部直属学校的22%,并且与2012年相比,政府已经成功地减少了约3%的租用学校数量。

由于高昂的维护成本和小型学校的低绩效,因此国家出台了小型学校整合的计划。2013年前,大约有800所学校的学生人数不足100人。这些学校占约旦王国学校总数的24%,但只招收了4%的公立学校学生。因此,教育部一直致力于通过其整合计划减少小型学校的数量。

教育部开始重新分布学校地图,并考虑到学生的交通状况和该地区的特殊情况,采取了建立更多中心学校的政策。根据这一计划,2015—2016年度学生人数少于100人的学校数量减少到670所,占所有学校的18%左右(仅占所有公立学校学生的3%左右)。教育部还在努力改进其学校制图过程,以便更准确地评估某些地区过度拥挤的程度以及学校与人口中心之间的距离。这将使教育部能够制定更加连贯的战略来建设新的学校设施。

2. 全纳教育

根据全球残疾人教育的趋势,教育部采取了全面综合的全纳教育方法。约旦签署了"残疾人权利公约"(CRPD),并通过了"残疾人权利法"第31号(2007年),其中规定教育部有责任为所有残疾儿童或学习困难儿童提供包容性的基础教育和职业教育。因此,教育部正在努力将残疾儿童纳入整个约旦王国的教室。截至2016年,有特殊教育需求(视力、听力、学习障碍)的儿童总数估计为20 600人。

在2016—2017年,公立学校中只有338名男性听力障碍学生和420名女性听力障碍学生,105名有心理障碍的男性学生,而只有33名女性学生有心理障碍。这反映了家庭出于文化原因试图将有心理障碍的女孩留在家中。盲人男学生的人数为185人,盲人女学生的人数为126人,然而向聋人开放的班级中女生只有23人,男生有25人。上述数据表明,只有一小部分有特殊需要的学生能够接受公共教育。

将有特殊需要的儿童充分融入教育系统需要有足够的数据,以便为明智的决策过程提供明确和准确的基础。同时还需要一个全面的数据库和可靠的教育指标,以反映按性别分列的有障碍的学生的现实情况。然而,无法获取与残疾儿童有关的准确数据。最终,残疾人专业诊断中心数量有限,缺乏合格的男女专家、适当的诊断工具和专门的课程以及适当的学习环境是残疾儿童包容性学习的主要障碍。

3. 非正规教育

约旦在2015年的人类发展指数中排名第188位。由于其在教育方面卓有成就,因此约旦的文盲率比较低(总体为6.4%,男性为3.4%,女性为9.5%),但是文盲女性的比例是男性的两倍多。《宪法》和《教育法》都保障人人享有受教育的权利,政府致力于扫盲也证明了这一点。

教育部2018年为已辍学并希望继续接受教育的成年人和儿童提供六项计划。

(1)成人扫盲计划:该计划旨在为15岁以上且无法阅读或写作的所有成年人提供教育机会。这个为期四年的课程是免费的,毕业生将获得相当于六年级学业的证书。学习中心达到165个,学习者数量达到2 017人。

(2)家庭学习计划:该计划旨在通过允许因不可控条件(健康或社交)而离开正规学校的人在每学期结束时参加公立学校的学期考试,从而提供教育或自学。如果来自家庭学习计划的学生成功通过考试,将允许他进入下一个年级。在2016—2017学年,有2 717名学员注册了该计划。

(3)晚间学习计划:该计划旨在为未完成学业的康复中心的人们提供教育机会。该课程从7年级到12年级,三个中心的学习者数量达到173人。

(4)辍学计划:该计划旨在为13~18岁的男性和13~20岁的女性辍学的学生提供知识、技能和态度,授予他们教育权利,并根据他们加入职业培训机构的资格或完成家庭学习的标准,通过培训和康复培养他们的专业意识。2017年,120个中心的学生数量达到4 000人。该计划与探索范围基金会和救助基金会合作实施。

(5)暑期学习课程:该课程旨在深化、加强或扩展学生的技能,培养他们获得普通中学证书的考试能力和准备能力及其技术和文化技能。学生选择他们希望加强、深化或扩展知识的教育活动和科目。

(6)追赶计划:这是一项强化教育的计划,旨在为9~12岁年龄段的失学儿童提供基础教育。这是在三年内将六年小学(1~6年级)的三个强化教育水平阶段作为教育补偿机会。在2017—2018年内,99个中心的学生数量达到2 607人。

4. 难民教育

教育部参与了针对叙利亚危机的约旦应急方案(JRP),并正在努力确保所有男性和女性叙利亚难民学生都能接受小学和中学教育。因此,目前约有141 428名叙利亚难民学生在约旦接受教育。安曼学生人数中有25.7%的叙利亚学生,马夫拉克有25.1%,伊尔比德有22.2%,扎尔卡有17.4%。

自叙利亚危机开始以来,教育部将叙利亚难民学生分为三类:难民营中的叙利亚学生、混有约旦学生的普通学校的叙利亚学生以及晚班(第二班)的叙利亚学生。在

2015—2016学年,估计叙利亚难民接受基础教育的毛入学率(GER)约为37%。然而,叙利亚难民的学前教育和中等教育的毛入学率(GER)都比较低,分别约为9%和14%。总的来说,大多数叙利亚的学生就读于公立学校而不是私立学校。

教育部制订了一项计划,以满足叙利亚难民学生对学校建筑的需求。已经确定需要在约旦王国各省建立51所学校,并根据优先次序(即叙利亚学生的数量)加以分配。然而,有限的财政拨款,为叙利亚难民学生和残障人士建造校舍而指定的土地供应有限,这些都是主要的挑战。

向难民提供教育的另一个挑战是处理那些教育可能受到破坏和/或正在遭受伤痛和创伤的儿童。后者则需要特定的教学法和课堂管理技能。自难民危机开始以来,一些教师开展了专门的社会心理培训,但许多约旦教师却没有参加。教育部及其合作伙伴为叙利亚难民儿童和青年提供非正规和非正式教育,他们的教育因为冲突而中断,因此尚未进入正式系统。

5. 内部效率

值得注意的是辍学率,尤其是7~11岁的男性。这可以通过社会规范和性别期望来解释,期望男性承担养家糊口的角色,因此需要从小就寻求就业。从7年级开始,男性的重复率也明显高于女性,这也可以表明从7年级开始,男性学校的教育质量开始逐年下降。

(五)职业教育

国王阿卜杜拉二世陛下强调了由于需要在劳动力市场的各个领域建立一支合格的劳动力队伍,因此必须建立先进的职业技术教育与培训体系(TVET)。职业教育(VE)在世界大部分地区的正规和非正规教育系统中占据突出地位。其他部门计划强调了这一重要性,例如《约旦愿景2025》《国家就业战略》和《2016—2025年人力资源发展国家战略》,这些计划的重点是相关机构与国家机构之间的机构协调以及与国家业务需求的相关性。

虽然过去15年取得了一些进展,但与世界上许多国家一样,学生和家庭对职业技术教育与培训的负面看法仍然存在。职业技术教育与培训被视为学生的次要路径,他们依然对学术、大学教育和公共部门的职业表现出明显的偏好,即使这意味着毕业后在某段时间内几乎是长期失业状态。表现不佳的学生也会被转到职业和技术部门。

教育部致力于为249个地区的中等职业教育(11~12年级)提供职业技术教育与培训,其中包括210所男女中学,25 187名学生接受以下四个部门的培训:工业、农业、酒店和旅游。职业教育领域约有1 600名合格教师在这些学校工作。在成功完成10年级并参加普通中学证书考试后,学生将入读职业教育,为期两年。因此需要更加重视提高职业技术教育与培训的地位,并促使这一部门成为一个有吸引力的学习场所。

男性占职业教育学生的57%,而女性占43%。大多数男性专门从事工业、酒店和农业教育,而大多数女性则被家庭经济专业录取。职业教育的录取情况反映了强烈的性别偏见,在家庭经济学流向中,女性仅占所有学生的98%,而在酒店和工业流向中,女性分别仅占4%和2%。因此需要对为女性提供的职业教育流向进行审查,以提高女性对劳动力市场的参与度。

阻止女学生参加一些教育课程的主要原因之一,就是这些专业大多面向男性,并设置在男校中,这一情况对于女性来说并不友好。教育部已经明确指出家庭经济学专业只对女孩开放,因此,想要成为美发师或裁缝的男孩在2017年无法入读该专业。

(六) 教育体系的质量

教育部致力于实施一套标准、程序和决定,以改善教育环境。这些标准包括具有不同框架和形式的教育机构。质量标准和程序可能因机构而异,但它们都高度重视教育教学的质量,即学生的质量。在约旦的教育体系中,教育质量与教育体系的各个方面是相互交叉的。教育质量包括以下几个方面:评估和考试、课程、信息与通信技术在教育中的应用,教育领导及其在促进社会参与、问责制和学校环境方面的作用。

1. 评估和考试

衡量质量的一个指标是学生在国家和国际评估上的表现。在国际层面,约旦参加了国际数学与科学趋势研究(Trends in International Education and Training, TIMSS)和国际学生评估计划(Program for International Student Assessment, PISA)的评估,并致力于提高约旦学生在这些评估中的成绩。

约旦采用了一种总结性考试,在第二轮结束时进行,称为高考毕业考试,并作为一种国家评价战略。截至2017年中期,教育部已采取措施改革高考毕业考试进程。由于反复出现低通过率,高考毕业考试将不再被评为通过或失败。取而代之的是,学生将获得高达1400分的分数,无论他们的分数如何,都可以申请大学。除了职业方面的专业之外,女孩在所有专业领域的表现都优于男生。这再一次表明男女学校的教育质量存在差异。

4年级、8年级和10年级的学生也参加了控制教育质量的全国性考试。随后对结果进行了分析,并对现场指导提出了建议。这些考试在结果比较中至少使用了10年,以评估系统质量的变化。

2. 课程

2013年制定了总体和具体的课程、评估框架和产出。有必要改革课程和评估制度,以确保学校摆脱死记硬背的学习模式,培养更高水平的思维技能,这是一个普遍的共识。"最近对小学低年级修订版教科书进行的审查表明,这些教科书提供了有限的实践、活动和基于群体的学习,并没有足够重视批判性思维和解决问题的策略。主题材料往往已经过时,以至于教科书示例不再与现实世界的实践相关。"(资料来源:2016—2025年国家人力资源发展战略,第101页)

根据需要,教育部还与3~4名专家合作,对课程进行研究和调查研究(课程和评估的总体框架,每个科目的一般和特殊产出,学生用书和教师用书),以评估每个科目。这些团队评估课程并确定改进机会,以响应国家和全球趋势。

此外，教育部的小组还为包括有特殊需要的所有学生编制课程、评估方案、教师用书和教科书的总体框架。他们撰写、编辑（语言和技术）、设计教科书和教师用书。他们还提供多样化的学习资源，发展在学术教育基础阶段和中等阶段的国家课程、职业教育以及幼儿园。

教科书和教师用书的开发和印刷还需要经过专家设计课程、建立测试，同时也需要专业的教科书设计者和性别专家，以确保课程反映性别平等。经过研究和评估，根据需要发布印刷招标。国家人力资源开发致力于课程改革，国家课程与评估中心于2017年成立，该中心的任务是推进教育部的课程改革进程。教育部正在推进改革教育阶梯的进程，包括强制性幼儿教育（KG2）。作为这项改革的一部分，当地专家将为每个阶段的教育制定绩效指标，学生评估将在每个阶段结束时按照既定指标进行。

3. 信息与通信技术在教育中的应用

教育部有必要及时了解信息与通信技术的快速发展，并不断努力将技术融入教育中。教育部每年都会研究和评估现有的信息通信技术工具，以确定其有效性，使其适应教育环境，并评估其在服务和改进教育和学习过程中的效率，从而为学生和教师提供理想的学校环境。然而，尽管约旦已经努力将技术融入教育，但信息与通信技术的有效使用率仍然有限。

考虑到使用技术会进一步强化教育，因此约有3 400名教师接受了国际计算机使用执照（ICDL）计划的培训，现在称之为剑桥计划。此外，英特尔计划还培训了大约3 000名教师使用计算机课程。因此有必要在教育技术应用领域制订持续的专业发展计划，以实现覆盖所有教师的目标。

4. 学校领导和社区参与

应通过鼓励学校和社区之间交流经验，吸取教训，分享成功事例以及实现真正的伙伴关系，来促进对社区伙伴关系和教育发展进程的共同理解。教育部在学校集群和教育理事会组建了教育发展委员会，这些委员会准备并实施发展计划，以改善学校的表现。这些委员会的目的是支持在管理学习和教育进程中做到权力下放，并让社区参与支持和评价公立学校的绩效。他们还研究了学校集群的共同需求，确定了优先领域，如学生成绩、学生行为、学校暴力、基础设施问题等，并将这些内容提交给了委员会的开发团队。主管部门致力于满足学校集群的需求，包括与私营机构和社区其他机构建立伙伴关系，以便按照适用的法律和法规获得支持和协助，从而实施学校的发展计划。

教育委员会目前负责从五年级开始实施学生议会委员会。这些委员会通常会就学校和社区关心的一般问题提供报告，并确定问题和解决方案。这些议会委员会也会让学生参与学校的举措，以改善教育进程和学校环境，并发展与社区的关系。议会委员会主席代表教育发展委员会参加与学校有关的所有会议。

5. 问责制

教育部的教育质量和问责部门（Education Quality and Accountability Unit,

EQAO)于2016年3月开始正式工作,并直接隶属于教育部。教育质量管理和问责部门旨在根据具体标准和指标,改善与发展公立学校的教育过程。它目前负责的是公立学校的问责制,将来还会包括所有私立学校、幼儿园和教育委员会等更高行政级别的部门。最后,必须在教育部的中心部门和行政部门实施问责制,而这又需要该部门具有独立性。

6. 具有安全性和鼓励性的学校环境

为了支持学生全方面发展其个性,确保他们拥有完整的心理健康和适应技能,并且成为高素质的公民,能够满足自己和社会未来的需要,必须制定教育政策,提供安全的学校环境,这种环境还必须满足学生的情感、社交、教育和学术的需求。为此,教育部提供了一系列的小学、中学和职业教育课程,旨在为学生提供一系列生活技能,帮助他们优化自己的个性,发掘自己的能力、潜力、才能,确定未来在社会中发挥作用的方向。

这些努力包括"共同促进安全环境"运动,其中包括一系列减少学校暴力的活动以及每月一次覆盖学校10%的学龄儿童测量暴力的电子调查。实施这一运动应与联合国儿童基金会合作,并根据电子调查的结果,计划准备减少暴力的频率。为此,将制定相关措施来改善学校的环境。此外,2017年在约旦的10所学校内实施了反欺凌计划的试点应用。除了实施旨在保护学生免受吸毒成瘾和吸烟的"Tahseen"倡议外,该计划还将进一步扩大。该倡议目前正在500所学校实施,并将采用分阶段计划推广到所有的学校。

针对学校辅导员,也计划实施生活技能课程。这些课程包括合作、团队协作、沟通技能、谈判技能、情感技能(培养共情感和同理心)、决策技能、批判性思维和解决问题的能力,与他人相处、自我管理和情绪管理等。

"学士学位计划"旨在支持学生在本学年期间发展其能力和完善其人格。这是一项与青年体育部、内政部、旅游部、联合军事司令部、公安局和警察合作实施的课外活动。该项活动的具体目标是培养热爱祖国的价值观和领导能力,并且为参与者提供了一些技能和经验,以促进他们的身心、技能发展。它还为友谊的发展提供了空间,并致力于提高参与者的社会慷慨程度,加深对其权利和义务的了解。这项活动的目标群体目前聚焦于9年级和10年级的学生。

为了促进、发展各个领域优秀学生的能力和技能,教育部已经建立了汲取学生创新思想的中心,被称为"天才班"。这些班级有20~25名学生,可从3~10年级中选拔。目前有78所学校的3~10年级的天才教室可供1 000名学生使用。

7. 学校供餐计划

1999年5月,教育部开始在较为贫困的地区(贫困发生率较高)为公立学校的儿童实施学校供餐,以改善公立学校儿童的营养和健康状况。该项目在2018年进行,旨在为贫困地区的幼儿园到6年级的儿童提供每日膳食。2018年,学校供餐计划达到350 000名学生,其中北部地区有69%的贫困学校接受学校供餐,中部地区有67%的贫困学校接受学校供餐,而南部地区有91%的贫困学校接受学校供餐。此外,还有一些其他的计划,包括与世界粮食计划署和皇家健康意识协会合作的生产厨房,其中9个部门中目前有11个厨房。

(七)人力资源管理

教育部通过制订一系列的计划和战略来强调人力资源的重要性,因为它坚信这一系列的计划和战略所带来的回报将会很丰厚。因此,教育部在之前的知识经济教育改革战略规划中,将人力资源的发展纳入其愿景。这一愿景指出:"约旦哈希姆王国拥有一个高质量的具备竞争力的人力资源系统,为所有人提供与其当前和未来需求相关的终身学习经验,以便通过受到良好教育的人和技能娴熟的劳动力来应对和刺激持续的经济发展。"

教育部通过在在职教师发展框架内提供有关课程、教学和评估战略以及教育技术方案的培训,在教育改革期间,在为教师提供资格和培训方面做出了切实的努力。教育部在2011年制定并通过了教师政策的总体框架,涉及教师的招聘政策和职前培训、教师的持续专业发展以及教师的职业发展道路等问题。此外,教育部还实施了学校和理事会发展计划,以促进职业发展并使其制度化。

教育部开始实施教师政策框架的各个组成部分,但它面临着导致其某些组成部分失败的重大挑战。然而,教育部在人力资源开发战略中继续发展其人力资源,将人力资源作为自己的独立领域。以下是对人力资源具体核心情况的分析。

1. 教师的选拔与招聘

教育部致力于与公务员事务局合作招聘教师。教师的选择基于以下标准:候选人的中学平均成绩(GPA)占10%,应届毕业生占35%,学历占10%,申请就业的年份占25%(最早申请的人获得额外的加分),公务员考试成绩占20%。教育部一直致力于发展甄选机制,保证每个职位空缺的候选人数为4至6人,但需要进行专业化的能力考试,并对候选人进行面试。如果招聘非常紧急,教育部不会进行面试,在教师供应有限或临时任用的专业领域尤其如此。有时,教育部会公开发布公务员事务局辖下候选人名册所提供的专业范畴的职位空缺岗。

任命合格的教师是一项重大挑战,特别是在偏远地区,尽管教育部为鼓励教师在这些地区工作提供每月50至150约旦第纳尔的特别津贴(津贴费用)。在过去的几年中,为了填补教师短缺所导致的学校教育的空缺,已经允许社区学院的文凭持有者进入教师职业。这种情况需要采取战略措施,通过考虑教师政策框架关于根据竞争标准而不是公务员制度选择教师的建议,使教育专业成为一个有吸引力的选择。2018年左右教育部开始通过遵循特定条件的公开实施职前教师培训计划。该计划旨在改善教师选拔的条件,并优先考虑职前教师资格证书的毕业生。

2. 职前资格

教育职业要求特殊的专业资格和适当的培训。在约旦,教师培训和资格认证过程

以多种方式实施,包括教师学院、专业教师和班主任。但是,由于下列原因,这些方式都没有持续下去:

(1)其中一些课程并不要求所有大学生都从事教学工作。

(2)其中一些课程尚未获得认证,大学的申请也有所不同。

(3)政府工作人员的立法更倾向于大学毕业生而不是专业教师,而且没有为教师提供足够的激励。

(4)其他与教师及资格计划有关的技术原因。

目前还没有针对教师职前培训的全面或明确的体系,公立和私立学校教师的其他培训也很有限。1到3年级的教师目前通过以实践为导向的大学教育计划接受职前培训,而所提供的职前培训课程不包括任何性别培训。教育部通过设计教师入职培训计划提供了一种替代职前培训的方法,该计划为新教师加入教学职业做准备,所有新教师在为期四年的学制中接受培训。但是,该计划成本高昂,并不具有深远意义,从而无法取代全面的职前教师培训计划。因此,教育部与拉尼娅王后学院合作,为职前教师培训设计了一个新模式。希望在下一阶段和教育战略计划的执行过程中,实现全面的国家职前教师培训制度的发展。

3. 在职专业发展

教师的有效性是知识经济教育改革计划(ERfKEⅠ)要解决的关键问题之一。重点是通过实施新的教育方法,使用各种资源和更广泛的学生评价工具,在课程的基础上实现学生学习成果所需的教育实践的变化。

知识经济教育改革计划(ERfKEⅡ)的重点在于:①启动教师专业发展政策的一般框架;②修订教师的准备、培训和专业发展;③支持教师所需的体制和运作变革。尽管在教师在职培训领域做出了这些切实的努力,但教育部仍需要根据教师的标准和专业能力制定综合政策和综合课程,以推动在职专业发展。这需要将教师培训与奖励措施联系起来,为提供专业发展制定一项明确的政策和机制,以确保通过向教师政策中批准的培训机构过渡,确保培训质量。

4. 教师专业执照、晋升和评估

教育部没有统一的教师职业许可、评价和晋升制度。教育部暂停了以前的教师执照制度,从而导致了在这一领域内出现差距。教育部目前正在实施公务员制度委员会所采用的员工绩效评估制度,该评估不考虑教学专业的特点,将教师评估为员工,而不是专业人士。制订工作计划,跟进和衡量其工作是通过激活员工记录和绩效报告代表的评估工具来完成的。评估过程包括以下步骤:预先确定单位/部门的预期目标,确定员工根据活动需要实现的结果和产出,以及直接主管和员工之间对绩效记录结果的定期跟进和审查。

尽管已经尝试制定绩效报告,但仍低于预期水平,绩效评估结果对于员工的晋升没有任何直接的影响。在2016年的绩效评估中,获得优秀评分的人数达到80%。晋升仍然是基于资历和服务年限，而不是基于绩效。

5. 教育领导者的许可

目前约旦还没有为学校领导者颁发许可证的制度。目前的领导职位招聘制度主要基于服务年限，而不是个人表现和潜力。学校校长的工作主要集中在管理学校环境和行政程序，而不是支持教师和增强他们的能力。职业发展系统没有确定或安排最优秀或最有经验的教师担任领导职务，而是奖励那些在教育领域花费更多时间的教师。

因此，必须建立一套完整的教育系统，对教师和教育领导者进行专业的授权，并为教师和教育领导者制定明确的职业发展道路，将绩效与激励机制联系起来，并相应地制定绩效评估方法，这对于教育系统是极其重要的。

（八）教育系统的管理

1. 治理

国家最高指示强调了所有政府部门和机构对良好治理规则的承诺的重要性，这些规则保证了政府法规的完整性和效率，提高了政府绩效，增加了公民对政府服务的信任，并有助于保护公共资金。教育部首先通过第16(1964)号教育法、第27(1988)号临时教育法及其修正案确定了教育部的所有规章、条例、依据和指示，以及体制目标和重点任务，其次是第3(1994)号常设法律。教育部遵循内部监督制度，以实现机构治理和统一程序的行政质量体系，以及对不同性别的和所有员工都公平的人力资源系统。除管理用于财务控制和业务的高级财政资源外，教育部还为教育监督和责任规定了具体的要求。同时教育部正在根据事态的发展和变化不断努力更新法律。教育部必须确定一个统一的制度治理框架，因此，教育部致力于在2017年制定治理手册，其中包括以下良好治理原则：法治、透明、问责、参与、诚信、效率、可持续性。这些原则通过以下方面进行评估：基本立法、组织结构、领导、战略、人力资源管理、财务管理、采购管理、伙伴关系和资源、服务提供、合作成效、财务结果、总务和最终产出、总体结果和影响。

2. 策略计划

教育部在政策和战略规划领域做出了切实努力，包括编制以往战略规划，参与编制公共教育领域的国家人力资源发展战略。教育部还召开了教育发展会议（2015年），所有参与教育进程的部门都参加了这次会议。这次会议致力于提出各种建议，以改善约旦的教育质量和教育制度。尽管如此，教育部仍在努力培养能力以及提供合格的人力资源，并弥合这些领域的成绩差距。教育部认为，有效规划是改善教育制度绩效的一种手段。此外，教育部还在与所有支持方合作，选择项目，制订运作方案和计划，以实现其愿景、使命和战略目标。

3. 机构绩效

为了提高机构绩效的质量以及实现卓越，并确保满足所有利益相关者需求的高绩效水平，教育部在其主要业务、服务和基本做法中应用了国际质量体系和卓越的基本概念。国际标准 ISO 9001:1994 和 ISO 9001:2008 于 2011 年更新,教育部据此致力于在教育部中心、地方主管部门和 15 所公立学校建立和实施质量管理体系。此外,自 2004 年成立以来,教育部一直参与国王阿卜杜拉二世政府绩效和透明度奖。教育部取得了优异成绩,并在 2014—2015 年第七届会议上获得了青铜舞台的第一名。此外,教育部还设立了杰出员工和理想员工等个人卓越奖,并且制定了支持性战略,例如创新和创造管理战略、知识管理战略以及风险和危机管理战略。

尽管取得了这些成就,但依旧存在质量、追求卓越和制度绩效发展等方面的问题与挑战,即缺乏对全球卓越概念的认识,行政质量体系执行不力,以及在制度绩效发展方面对满意度研究结果的认识不足。

4. 信息系统

为了使教育部继续努力使其为三个级别的教育决策者提供的技术解决方案的服务质量得到提高,在 2016—2017 学年初与教科文组织安曼办事处合作启动了教育管理信息系统(OpenEMIS),目的是将数据源统一到一个数据库中,并提供准确、及时和全面的学生、教师和学校数据以及教育指标,为各级行政决策者服务。教育部将完成该系统的开发,包括地方主管部门工作的计算机化,并激活教育部中心管理局在审计和更新数据方面的作用,以确保该系统与国家电子政务项目内外的其他系统相结合,使该系统的用户能够在决策过程中使用教育数据和指标。教育部开发并运行地理信息系统(Web-GIS),将教育数据整合到该国的教育现实中,然后转换成数字空间地图,以用于决策,并支持确定新校舍建设的适当位置,扩大基础设施并提高入学率,同时考虑到学生的分布、地区的需求、人口密度和增长以及以公共财政名义登记的土地的可用性。

5. 风险管理

风险被定义为阻碍其实现其体制目标的内部或外部威胁。自 2012 年以来,教育部一直致力于实施风险管理战略,并定期审查风险和危机管理战略,以便根据收到的反馈意见制定和更新风险管理战略。教育部的相关管理部门根据其面临的风险状况,遵循风险管理程序,即旨在控制风险程度并将其降低或控制的行政和技术活动。教育部与其他国家机构合作,如正在与国家危机和灾害管理局合作,制定国家危机和灾害管理计划以及减少暴力和极端主义的计划。教育部每年都会准备和传播关于冬季紧急预案。国家和区域一级的教育部门面临的风险具有多样性和差异性,全国各地的地方部门和学校的地理分布以及教育领域和系统面临的各种风险多样化,需要更加关注对于教育过程中面临的风险以及识别风险的预测能力。此外,还需要在一个体制框架内将行政结构层面的风险管理制度化和合理化,确保以必要的速度和专业精神对现代方法中的风险采取后续行动和应对措施。

(九)政府教育支出

1. 支出水平和趋势

2016 年,政府在教育方面的支出达到 10.9 亿约旦第纳尔。除了负责教育和高等教育的两个部门的预算支出外,这笔款项还包括国防部和职业培训公司的费用,以及由发展伙伴通过教育部的规划与国际合作资助的资本项目,也包括教育系统的管理和监督成本。

2016年,教育支出占政府总支出的13.46%。与GDP相比,2016年政府在教育方面的支出相当于经济创造财富的4%。这一政府教育支出水平源于宏观经济和财政政策,旨在限制公共支出,并对与国防和安全、养老金计划和债务利益相关的政府支出施加强有力的压力或加大限制。政府采取的财政和预算政策稳定了公共支出总额,与2013年的4.24%相比,2016年占GDP的比重较低,达到4%。

2. 政府教育支出结构

政府资金主要用于基础教育(约占总融资的66.0%),因为这一周期招收的学生人数最多。高等教育所占比例位居第二,约占总融资额的11.7%,而中等教育所占比例约为10.4%。

教学活动的成本主要集中在员工的支出方面。在基础教育水平上,83%的费用用于支付工资,其中62%用于教师,21%用于其他工作人员,这为其他类型的支出留下了很小的空间。在教育部学校中平均每名学生支出720约旦第纳尔,其中645约旦第纳尔用于员工的支出,40约旦第纳尔用于运营支出,35约旦第纳尔用于资本支出。

3. 叙利亚学生的支出

在2013—2017年,教育部学校的叙利亚学生的入学率对政府支出产生了重大影响,因为容纳叙利亚学生的学校在努力为其提供安全的学校环境以及满足所有其他教育要求。

第二章　优先领域

本章介绍了ESP(教育战略计划)的六个优先领域,其中包括学前教育和发展(ECED)、入学与公平、系统强化、质量、人力资源和职业教育。每个领域都描述了其中涉及的主要挑战,包括对战略目标、该领域相关组成部分和活动的描述,以及产出指标和目标。

(一)领域1:学前教育和发展(ECED)

该领域涉及提供教育部优质学前教育和发展计划(KG2)。主要的组成部分如下:
(1)入学和扩大。
(2)质量。

学前教育的扩大和升级是国家人力资源开发的一项重要投资内容。在可持续发展目标和国家人力资源开发战略的基础上,为了增加儿童在幼儿期接受优质教育的机会,提高学习水平,必须为所有儿童提供基本水平服务,同时提供必要的基础设施。此外,还需要制定评估幼儿园学生和课程的总体框架,并提高教学质量。通过鼓励父母加大力度支持家庭和学校的教育、健康、营养和社会保护,创新方法将有助于儿童早期教育系统的积极变革;通过与私营部门、民间社会和非政府组织建立伙伴关系,在提供幼儿服务方面发挥更大作用。

战略目标:增加儿童在早期获得优质教育的机会,并强化他们终身学习的意愿。以下是为实现此目标而实施的具体内容:

第1部分:入学和扩大

解决挑战:

(1)学前教育中入学率低。

(2)人口密集地区的幼儿园数量有限。

(3)私营部门和非政府机构在幼儿园的参与和投资有限。

(4)财政资源有限。

学前教育的入学率低,特别是在人口最稠密的地区,对教育部来说是一项巨大的挑战。为了保证优质服务的获取和公平,私营部门和非政府部门必须参与提供学前教育。教育部将修订指示,以促进私营幼儿园的开放,并将启动一项由173所私立幼儿园组成的计划,协助改造学习空间和提供教师薪酬,以鼓励扩大幼儿园发展的机会。应通过定量分析来研究目前的情况,以确定服务提供和幼儿教育管理方面的覆盖面和差距。此外,应通过确定服务的全部成本(包括业务和资本费用)来分配所需的财政资源。除了与私营部门和社区建立伙伴关系外,还需要在现有的政府学校和新建筑中建造新的幼儿园,以确保约旦能够信守国际承诺,实现儿童早期服务的普遍入学与公平。此外,一旦系统扩大,立法也需要修改,包括将KG2列为强制性。

具体目标:

到2022年将KG2入学率从59%增加到80%。

第2部分:幼儿教育和发展计划的质量

解决挑战:

(1)幼儿园阶段的监测、追踪、评估和问责制的质量较差。

(2)非政府幼儿园的技术跟进不足。

(3)在幼儿园教育中使用信息与通信技术的能力有限。

(4)教育部幼儿园工作人员的研究机构的能力有限,其中培训水平参差不齐。

(5)大学和学院在幼儿园教师的准备、培训和康复方面协调不力。

(6)需要根据现代教育体系开发课程。

为了提高学前教育学习机会的质量,确定质量保证标准是非常重要的。这些标准涵盖了成人和儿童之间的互动、儿童的进步和学习成就、社区和家庭参与的程度,改善了职前培训和在职培训,确定和满足儿童特殊教育需求方案的有效性,并强化儿童发展的知识和公众意识。此外,质量保证程序和标准反映了学前教育的现实以及学校和系统实现目标的程度。它们通过揭示学前教育机构绩效的弱点和优势来指导教育和行政决策过程。另外,这些标准通过支持优势,解决弱点和建立改革,以明确的科学方法,改善决策过程,从而降低成本,提高质量,节省时间、资源和工作。它们明确了所有合作伙伴在教学过程中的责任,例如国家、社会和学前教育工作者,以激励它们之间进行有效合作。这些标准还将为父母参与学前教育机构提供实质性规定。

在教育战略计划期间(2018—2022年),新课程将需要与课程理事会和新的国家课程开发中心合作,为ECD(儿童早期发展)制定新的课程。该课程必须基于适合发展的标准和实践,此外,还将为幼儿园阶段准备新的学习资源,适合幼儿的年龄,激发儿童的好奇心、触觉能力和学习准备。

具体目标:

(1)到2020年底,为幼儿园采用质量保证框架。

(2)从2019年开始,为幼儿园的卓越和创造力制定标准并实施。

(3)2019年制定的认证标准。

(4)通过每年接纳2 000名父母和子女,增强家庭和学校对健康、营养和社会保护的意识。

(5)2022年,获得技术的公共KG2教室的百分比从26%增加到50%。

(6)2002年合格的KG2教师比例从92%增加到98%。

(7)到2019年底,幼儿园实行问责制。

(二)领域2:入学与公平

这一领域旨在确保约旦哈希姆王国保证所有居民享受入学与公平待遇。为此,该领域包含以下内容:

(1)基础设施。

(2)全纳教育/特殊需要。

(3)终身学习和非正规教育。

战略目标:通过提高学校的入学率,确保男女均可获得入学与公平待遇。

以下是为实现此目标而将实施的入学与公平相关的内容:

第1部分:基础设施

解决挑战:

(1)学校人满为患。

(2)租用太多学校或双班制学校。

(3)难民学生入住问题。

(4)大量学校都有紧急维修的需求。

(5)建立坡道和其他设施时,必须考虑到残疾人的需求。

(6)由于缺乏针对此目的的特别计划,许多学校没有接受预防性维护。

为了减少包括难民学生在内的所有儿童的过度拥挤的学校数量和提高中小学的入学率,该部分着重于通过以下方式改善教育环境:①建造全新的、可进入的、考虑到现代标准的学校建筑;②努力减小租用校舍的比例;③减小双班的比例。

为了提高学校基础设施的安全性和质量,预计教育部将在全国各地的学校实施预防性维护计划和开发空调系统。此外,在维修期结束后确保新学校得到适当维护,承包商的费用不被视为优先事项。为了保持设备的清洁和持续使用,将开始进行预防性维修。在计划实施期间,理事会预计将向学校校长提供一定数额的资金,用于资助维护,维护委员会将提供维护费用。此外,教育部将邀请约旦部分地方部门投标,安装太阳能发电系统和空调。

具体目标:

(1)在未来五年内,为约旦人民、难民和有特殊需要的学生建立300所全新的、可进入的男女学校建筑。

(2)通过每年在800所男女学校进行必要的维护工作来改善学校环境(从目前每年500所学校的速度看),以及在公立学校启动预防性维护计划。

(3)改造420所学校(210所女子学校和210所男子学校),使残疾儿童能够进入这些学校。

第2部分:全纳教育和特殊需求

解决挑战:

(1)缺乏教育诊断单位。

(2)缺乏教育诊断、测量和评估的工具。

(3)缺乏专业的技术人员。

(4)无法为所有残疾儿童提供交通工具。

(5)缺乏针对心理障碍(如自闭症)和学习困难儿童的专业课程。

(6)在全纳学校缺乏与儿童一起工作的专业干部/工作人员。

(7)没有考虑到叙利亚难民学生的特殊需要。

教育部将寻求满足所有有特殊需要的儿童,包括难民的受教育机会。与特殊需求教育相关的问题之一是缺乏对儿童的适当诊断。目前,约旦只有一个教育评估中心,位于安曼并由卫生部管理。教育部希望建立自己的教育诊断中心(3个区域和2个流动中心也将在难民营中运作),以便正确评估学生的特殊需求。

目前,教育部有150所基础教育学校可供残疾儿童就读。特别是教育部将与学校绘图单位和普通教育部合作,每年翻修两所学校(一所女子学校和一所男子学校)。这些学校还应包括幼儿园,以确保残疾儿童不被拒绝入学。翻修学校的工程主要包括坡道和厕所,同时这些翻新的学校将成为特殊教育部活动的主要场所。他们将利用这些学校,以此作为扩大全纳教育意识的基础,包括专业的教师培训、家长意识计划以及专门的支持单位的建立,这些单位将为KG2以后的有身体、语言和学习困难的学生提供服务。每个特别支持单位将配备一名语言治疗师、一名物理治疗师和两名教师,他们将接受培训,以帮助学习困难的儿童和迟钝的学习者。

特殊教育部还将通过与残疾人高级理事会合作,通过使用媒体、SMS、出版物等促进全纳教育,提高对残疾学生需求的认识。最后,特殊教育部将考虑到因战争和残疾对这些儿童产生的多重影响,从而设法建立一个照顾和教育残疾难民学生的特别方案。这一方案将为他们提供教育服务和获得支持服务,如职业治疗和康复、音频和任何必要的支持设备,以帮助儿童顺利地融入公立学校。

具体目标:

通过诊断和提高认识活动,将残疾学生的入学率从2016—2017年的5%提高到2022—2023年的10%。

第3部分:终身学习和非正规教育

解决挑战:

(1)学生退出基础教育并进入劳动力市场(童工)。

(2)缺乏对儿童特别是针对难民继续学习的经济奖励。

(3)一些社区把工作置于教育之上,导致出现童工现象。

(4)面临来自家庭经济和财政方面的挑战,特别是难民。

(5)缺乏关于失学儿童和青年以及成人文盲(约旦人、叙利亚人和其他国家的人)的信息。

(6)一些失学儿童、青年和文盲成年人(约旦人、叙利亚人和其他国家的人)不愿接受非正规教育。

有必要为成人文盲和未完成学业的人以及教育系统以外的所有儿童提供非正规教育的机会。有必要为有特殊需要的学生调整追赶计划,该计划是为年龄超过4岁的儿童设计的,这些儿童将参加一年或两年的强化补偿计划,具体取决于每个学生的需要,然后在公立学校进行评估和重新注册;还将为缺乏教育或辍学的社区中的所有类别(儿童、青年和成人)的人提供教育机会。同符合资格的约旦人和难民学生一样,还将向他们提供旨在发展其技能的适当非正规教育方案。

这将通过以下非正规教育计划进行:

(1)15岁及以上年龄段的成人教育和扫盲计划。

(2)男性辍学计划为13~18岁,女性为13~20岁。

(3)9~12岁年龄段的追赶计划。

(4)12岁及以上年龄段的家庭研究计划。

具体目标:

(1)到2022年,女性的成人文盲率从9.5%降至7.4%,男性的成人文盲率从3.4%降至2.6%。

(2)通过与合作伙伴合作的辍学计划,在未来五年内每年招收1 000名(700名男性和300名女性)辍学儿童(男性为13~18岁,女性为13~20岁)。

(3)根据前几年的测量结果,通过家庭研究计划在未来五年内为12岁及以上的校外学龄儿童提供教育机会,每年招收2 500名学生(1 000名男性和1 500名女性)。

(4)在未来五年内,通过"追赶计划"为9~12岁的失学儿童提供教育机会,每年招收1 500名儿童(750名男性和750名女性)。

(5)到2022年,将教育中心的数量增加到4个,为康复中心的人提供定期教育机会。

(三)领域3:系统强化

根据教育部的使命和愿景,这一领域处理需要得到教育系统的支持,使其能够实现约旦教育部的目标,并通过教育部的实践和活动为所有行政级别的决策者提供服务,包括为教育系统的所有要素提供所需数据。该系统还包括逐步实现权力下放,以支持教育系统的管理,努力实现机构绩效的卓越性和创造性,以及进行风险和危机管理的可持续的后续行动。

战略目标:在实现约旦教育部门优先事项的基础上,根据有效的教育政策,促进教育体系创新和卓越发展。

为实现这一战略目标,以下是这一领域核心的摘要:

(1)机构绩效管理;

(2)教育管理信息系统;

(3)风险和危机管理。

第1部分:机构绩效管理

解决挑战:

(1)行政和财务系统的集中化。

(2)在管理层面上权力下放的应用不佳。

(3)基于优先事项和需求的地方规划中产生的人力资源效率低下。

(4)需要在最佳国际标准内充分采用卓越标准和创造力,以便在系统层面上充分发挥其作用。

(5)缺乏资金支持创造力、创新和卓越计划。

(6)缺乏提供建设性建议的文化(教师、学生、员工、社区)。

(7)需要为机构和个人创新提供具有持续性和支持性的伙伴关系。

(8)自动化服务和参与电子政务计划的需求。

(9)在利用规划工具方面存在能力差距(例如,开放式教育管理信息系统、网络地理信息系统、融资模拟模型)。

(10)领导职位主要由教育部的男性担任。

(11)将性别概念推广至整个系统。

解决措施:

(1)权力下放

教育部根据约旦施行的法律和法规,通过中央系统监督教育部门和幼儿园至12年级的学校教育。理事会和学校在规划和决策方面的自主权是有限的。在 ERfKE Ⅱ（知识经济教育改革计划）计划的框架内已经做出努力，为学校和理事会发展计划（SDDP）内的地方理事会和学校提供更广泛的责任，特别是在通过当地社区来积极参与发展和改善学校方面。但是，继续管理集中在教育和培训的各个阶段的任务，并没有明确的协调、具体的沟通渠道或明确而全面的战略途径。因此，这也就要求更多地将权力下放给学校和地方部门，以使教育部能够集中精力制定有效的战略并进行有效的改进。这将包括改组教育部，重点关注有效的政策制定，而地方主管部门则负责管理实地工作，支持学校评估和学校发展。

（2）战略计划

教育部认为，有效规划的作用是应对变化，并通过以成果为基础的方法提高教育系统的绩效，从而实现预期目标。为实现教育部的愿景、使命和战略目标，与所有外部支持方合作，制订和实施部委的运行计划。对于该部门来说，能够诊断当前情况，分析和报告系统的性能非常重要。

在教育战略计划期间（2018—2022 年），教育部将与各部门合作，增强战略计划实施的能力，包括预算在内。这包括理解按性别分列的数据对于确定差距的重要性以及实现性别平等的解决方案。因此，规划人员还需要进行网络地理信息系统、开放式教育管理信息系统和数据分析方面的培训。

教育部还将需要定期审查和修订教育立法，以便根据国家和国际承诺满足该部门的需求和发展。

（3）机构的绩效

在确保政府部门的职责和任务遵循高标准的质量、效率和专业水平方面，教育系统面临着重大的挑战。尽管在国际评估研究中约旦在阿拉伯国家中的排名最高，但教育质量仍然是一项挑战，因此必须通过创新方法和战略来解决，重点是创建一个卓越品质的学习型社会。教育部旨在通过制定国际卓越标准并在各级制订的年度执行计划中反映这些标准，开发和监测进展的程序来改善其绩效，并对这些计划采取后续行动，扩大所提供服务和关键程序的技术利用程度。

为此，教育部应提供衡量进展的指导方针和标准，并遵循最佳做法，以改进机构绩效、战略制定和所采用的方法，制订评估计划的机制和工具，并激励所有的利益相关方为所有行政和技术层面的升级提供最佳建议和倡议。教育部还力求通过与当地和国际伙伴交流经验，监测和评估产出质量，改善各级教育系统（幼儿、基础教育和中学教育）的绩效，以便向所有有关方面提供高水平的服务。

教育部致力于加强妇女在完成主要任务和担任领导和监督职位方面的作用，并通过采用性别审计的建议实现公正。这个审计将强调教育领域的性别问题，包括基于性别的暴力、性别规则的性质以及教育部的性别平衡，目标是改善和提高性别平等和招聘合格的工作人员，并将在性别分析和概念领域的所有管理层面建设其能力。

具体目标：

(1)到 2022 年底，按照教育部的权力下放 100%的要求，完善各级行政组织的组织结构。

(2)到 2022 年底，各级（教育部中心，地方部门和学校）都会执行以证据为基础的战略政策，履行规划、监测和评估职能。

(3)到 2022 年，将教育部领导职位的女性比例从 14%提高到 25%。

第 2 部分：教育管理信息系统

解决挑战：

(1)学校的信息与通信技术的基础设施薄弱。

(2)教育部缺乏经过专门培训的技术人员。

(3)数据和信息的不断变化。

(4)缺乏资金支持电子系统和设备的开发和维护。

(5)缺乏资金实施能力建设方案。

鉴于信息通信技术在改善教育过程中的重要性，教育部致力于提供和采用科技解决方案，为学校、地方部门和教育部中心的决策者提供服务，以确保改善教育和学习的过程。教育部通过在学校和教育部门提供必要的计算机设备，确保通过互联网和内联网服务进行适当的通信，并使各级行政干部能够最有效地使用技术。

鉴于信息和通信技术领域的迅速进步和发展，教育部定期审查其政策和工作计划，并采用现代技术工具和系统，为学校、学生和教师提供全面而准确的数据，如开放式教育管理信息系统和地理信息系统。这些系统与电子政务国家项目相结合，使决策者能够做出适当的决定。

具体目标：

(1)确保必要的基础设施准备就绪，以便有效地运行系统。

(2)确保教育和地理信息管理系统的电子准备。

(3)构建与激活、运作教育和地理信息管理系统（技术和行政人员）以及各级行政决策者有关的工作人员的能力。

(4)更新、审核、提供系统数据，以便为所有管理层面的决策者提供服务。

第 3 部分：风险与危机管理

解决挑战：

(1)缺乏对风险管理重要性的认识以及预防风险的计划。

(2)需要在行政和技术层面的机构内采用风险管理方法。

(3)缺乏处理各级教育系统风险的准备。

(4)缺乏财务拨款。

(5)在存在风险的情况下，与地方和外部合作伙伴的沟通和联系的方式、效率和有效性低下。

(6)需要准备替代方案以应对系统面临的风险。

风险即面临实现制度目标的内部或外部威胁。教育部与国家可能面临危机和灾难,这可能会威胁到我们的教育系统。因此,教育部成立了一个委员会,定期审查风险管理战略和危机,以便通过收到的反馈意见制定、更新和修订战略。内部监测小组负责根据教育部面临的风险状况跟踪风险管理程序的实施情况。风险管理程序包括旨在控制风险水平和减少风险的行政及技术活动。同时还包括制定教育部管理部门以及地方部门的风险管理战略。这个小组负责采用处理机制并且评估应对风险所采取的行动,以确保其应用的有效性以及更新风险矩阵。由于以下原因,在机构框架内将风险管理制度化为部门的行政结构至关重要:教育部门在国家和地方面临的风险多种多样;定期和随机发生的频率;国家的相关部门和学校的地理分布以及需要预见和确定教育系统面临的风险的多样性。解决这些风险需要部门和合作伙伴的高水平、先进的替代方案以及在各级教育系统中快速和专业地应对风险的机制和预算等现代方法。

具体目标:

在教育部中心、教育部门和学校的指导下进行风险和危机管理的制度化。

(四)领域 4:质量

这一领域涉及质量方面,使教育系统能够实现教育部的愿景和使命,通过综合方法提供优质教育服务,以跟进教育部学校的学习和教育质量。为此,这一领域应包括以下组成部分:

(1)课程与评估。

(2)信息与通信技术教育。

(3)学校领导和社区参与。

(4)问责制,一般监督(教育质量保证部门)。

(5)安全的学校环境。

定义:

质量:教育质量是一套旨在改善教育环境的标准、程序和决策。这些标准包括教育机构及其各种框架和形式,教学和行政人员以及与教育系统直接或间接相关的雇员的条件。

总督导:教育督导提供监督管理和对学校的支持。

学科主管:学科主管需要负责教授一门教育部规定的学科课程。

现场/分支主管:现场主管专门从事教育部适用的教育系统的一个分支或方向。

战略目标:提高教育质量,以培养对国家忠诚(归属感)的优秀和高素质公民。以下是为实现此目标而将实施的质量领域组成部分的摘要。

第 1 部分:课程与评估

解决挑战:

(1)课程需要现代化,缺少为学生提供生活技能、专业技能、性别意识和 21 世纪技能所需的基本要素。

(2) 与所有科目的教科书和教师指南有关的资金匮乏。

(3) 与教科书价值相关的目标尚未充分反映在教科书的内容中。

(4) 一般中学考试仍然是评估公共教育中学生表现的唯一考试。

(5) 对学生表现的实际评估还停留在表面,并不能全面衡量学生的表现、技能和知识。

(6) 课程不包括任何有关人权和性别问题的信息,因此不会加强性别意识。

2013年制定了总体和具体的课程和评估框架以及产出,它们的开发、改进和评估是持续的过程,通常每4到5年进行一次。根据需要,有必要通过与3~4名专家合作对课程进行研究和调查(课程和评价的一般框架、各学科的一般和特殊输出、学生用书和教师用书),来评估每个科目。这些小组将落实到位,评估课程,并确定改进课程的机会,使课程能够顺应国家和全球趋势。

此外,各小组还确定了课程、评估、教师用书和教科书的总体框架,创作、编辑(语言和技术)、设计教科书和教师用书。这些小组还提供各种学习资源,支持学术教育的基础和中等教育的国家课程以及职业教育和幼儿园。此外,各小组还为有特殊需求的学习者提供书籍和资源。

这些小组由4~5名专业学术人员、教育督导员和杰出教师组成,根据每个科目的需要,3~4名来自大学(监督和指导委员会)的当地专家对书籍草案进行审查。教科书和教师用书的开发和印刷还需要利用专家设计课程,建立测试以及确定编定教科书人员、专业教科书设计者和性别方面的专家,以确保课程反映性别平等。经过研究和评估,根据需要发布印刷招标。在教育战略计划期间(2018—2022年),部门计划制订专门的方案,以强化课程、教科书和考试部门的能力。2017年通过人力资源开发建立了国家课程与评估中心,教育部部长是其委员会成员。课程改革过程将与国家中心合作进行。

教育部正在改革教育阶梯,包括强制性幼儿教育(KG2)和两种中等教育:学术(科学和文学分支)和职业(工业、农业、酒店、家政、金融和商业)。作为这项改革的一部分,当地专家将为每个阶段的教育制定绩效指标,学生评估将在每个阶段结束时按照既定指标进行。

教育部将在整个教育战略计划期间努力完善其评估系统,制定并通过一项国家评估战略。此外,教育部还将对早期阅读和数学进行3级诊断测试,并对高考毕业考试进行改革。在计划期结束时,预计将获得中等教育结业证书作为中学毕业的要求,并且将改革高考毕业考试仅用于竞争性大学入学。最后,在教育战略计划期间将建立电子评估管理系统。该系统将用于各省的12个考试中心,从而有助于考试成绩的汇总。

具体目标:

(1) 审查和修订所有学校阶段的课程,使该课程到2022年,包括人权、社会、发展、性别平等和可持续发展等地方和全球概念。

(2) 建立一个监测和评估各教育阶段教育成果的系统。

第 2 部分:信息与通信技术教育

解决挑战:

(1)需要跟上信息与通信技术快速发展的步伐。

(2)需要为学生、教师和管理员开发、维护电子学习资源和现代设备。

(3)薄弱的技术基础设施支持着学习过程和管理,需要定期维护和实现现代化。

(4)学校校长和教师在信息与通信技术使用方面的能力和技能薄弱。

尽管在约旦将技术融入教育方面做出了相当大的努力,但要做到有效使用仍然是有限的。有近21%的学校没有互联网服务,而其余学校通信速度也比较慢。因此亟须一个方案来升级提供给学校的互联网服务,并连接上述近21%的学校。虽然大多数学校都配备了计算机实验室,但这些设备通常已经过时或不再可用,这也就要求学校每年对计算机和相关设备进行现代化改造。

在本计划期间,有关当局与私营部门在教育和通信技术领域建立伙伴关系的制度化和激活将有助于教育部开发一个满足教育系统需求的电子学习管理系统以及电子学习资源。

即使考虑到使用技术进行进一步教育的重要性,大多数学校校长和教师仍然认为它不是促进教育过程的有效工具。因此,他们并没有将其纳入教育课程、教科书和学习过程。大约有3 400名教师接受了国际计算机使用执照(International Computer Driving License,ICDL)的计算机扫盲计划(现为建桥计划)的培训,英特尔教育计划(Intel Education Program,INTEL)促使约3 000名教师接受了计算机化课程使用方面的培训。但是,这还没有达到预期的效果,并没有覆盖所有教师。此外,教师也没有得到学校校长的充分鼓励。因此,有必要制订关于教育技术使用的、持续的专业发展计划,最终将会覆盖所有教师。

学校校长还需要可持续的专业发展计划,目的是通过使用技术完成电子管理任务,主管人员将这些任务分配给教师。为了应对这些挑战,并为学校带来积极的变化,必须实现三个主要目标:第一是制订行动计划,在教育过程中实施信息与通信技术战略。第二是改善创新的使用,以扩大学校服务的范围,并突出强调技术用于支持学习过程的方法。最后,需要与当地和国际主管当局合作,继续发展学习管理、内容管理和评估管理系统(LMS,CMS和AMS)。这是一个综合的虚拟平台,用于为学生、家长和教师提供电子学习资源、家庭作业以及其他与学校相关的信息。到计划结束时,预计还将建立评估管理系统。

具体目标:

(1)将连接互联网的学校数量从2017年的90%增加到2022年的100%。

(2)在2022年,将拥有计算机设备的小学的比例提高到100%。

(3)将2014年使用信息与通信技术培训的校长和教师人数从2014年的3 000人增加到2022年的所有教师。

第3部分:学校领导和社区参与

解决挑战:

(1)许多学校领导的能力有限。

(2)员工对担任总督导职位的兴趣有限。

(3)决策的重点是发展基础设施和例行程序,但要牺牲领导能力和教育能力的升级和发展。

(4)由于优秀教师角色边缘化,学校中的参与式教育领导方面发展不足。

(5)社区习俗和传统,包括部落主义和裙带关系有时会影响教育领导的有效性。

建立伙伴关系以及将与社区共同提供高质量教育责任制度化提高了机构的效率,并加强了学校的领导能力和管理质量。因此,重要的是鼓励当地社区,包括青年和家长参与管理学校。

大多数约旦人承认正规教育的重要性,但社会上的一些群体并不把教育和学习视为集体责任。大量教师指出,他们在职业生涯中面临的挑战是学生及其父母对教育过程的关注和参与度不足,以及在制订教育发展计划和后续实施技术方面的工作中也同样缺乏参与。因此,在整个计划实施期间,进一步发展社区参与也是很重要的。

此外,还有必要研究网络学校的共同需求,确定学生成绩、学生行为、校园暴力、基础设施问题、专业发展等优先领域,并提交理事会。理事会成员会致力于满足网络学校的需要,包括通过与社区内的私营机构及其他机构的联系,寻求他们的支持和协助,以配合适用的法律和条例来实施学校发展计划。

修改法律框架,让社区参与变得更加便利,这也是很重要的,因为在学校里志愿活动往往受到限制,因此在学校发展合作和志愿精神的文化将是一项重要的优先事项。一种方法是通过向社区成员提供志愿者机会,另一种方法是发起其他倡议,在家庭和学校之间建立更牢固的关系,例如与父母举行会议,为父母组织开放日活动。此外,可以通过媒体和政府信息中心宣传活动,提高家长和社区对家长-教师委员会重要性的认识。

具体目标:

(1)到2022年,积极参与家长教育的学校比例达到100%。

(2)到2022年,与当地社区合作,支持学校发展的学校比例达到100%。

第4部分:问责制(教育质量保证部门)

解决挑战:

(1)支持质量保障体系应用的环境和物质资源相对薄弱。

(2)在教育质量的问责部门,男性评估员的数量超过女性评估员。

(3)薄弱的物质和后勤环境以及物质资源的匮乏阻碍了评估员发挥其作用。

(4)对教育质量问责部门的作用及其工作性质缺乏认识。

迄今为止,教育部通过一个非常集中的系统对公立学校行使监督权力。在ERfKE Ⅱ

(知识经济教育改革计划)方案的框架内,已经做出权力下放的决定,重点是在权力下放方案内赋予地方部门和学校更广泛的责任,特别是关于学校的发展和改进问题。由此教育部设立了新的教育质量管理问责部门(EQAU)。预计该部门将能够逐步下放现有系统,使教育部能够将重点放在总部的规划、战略和政策制定上。这一部门旨在扩大地方部门和学校的责任,完善教育部的问责机制,提高公立和私立学校的质量,提高决策过程的准确性以及完善决策方法。通过将评估员人数增加到160人,并在计划期间提供专门的交通工具,该部门将能够进行更多的评估访问,以顾及所有的公立学校。

具体目标:

(1)到2022年,将实施质量体系的学校数量从15所增加到141所。

(2)根据评估员的初始和最终报告,将学校绩效提高50%。

(3)到2022年,即第一个问责制周期结束后,成立独立的教育质量问责部门(EQAU)。

(4)到2022年,获得部分自治权的学校百分比达到5%。

第5部分:安全的学校环境

解决挑战:

(1)培养、发展、提高优质学生的能力和技能的计划和活动不足。

(2)在激活教育和指导作用方面存在弱点,与支持学校学生的行为和心理方面有关。

(3)缺乏有吸引力和安全的教育环境。

(4)约旦王国的所有学校缺乏空调系统。

为了帮助学生全面发展其个性,确保他们有足够的心理健康水平和适应能力,并且成为高素质公民,能够满足其自身需求和未来社会的需要,就必须实施教育政策,以提供一个安全的学校环境,满足学生的情感、社会、教育和学术的需要。为此,教育部将在计划期间提供一系列小学、中学和职业教育计划,旨在为学生提供各种生活技能培训,以便增强学生的个性发展,帮助他们发掘自己的能力、潜力以及确定未来的发展方向,从而提高社区的创造性。这些计划将包括"共同促进更安全环境"活动、生活技能计划,以及一些打击药物滥用、暴力和其他可能出现在学校、社区的消极行为的宣传计划,如吸烟、使用麻醉品及精神药物、欺凌和其他不良行为。

在计划期间,还将增加课外活动(体育、艺术和音乐),并实施"巴斯玛计划",以培养学生的能力。此外,还包括通过建立一个兼具创造力和创新性的学生中心,促进、发展、投资各领域有才能学生的技能的项目和活动。因此,本计划将进一步发展"人才班"。

此外,预计目前正在约旦10所学校试行的反欺凌计划在国内7、8和9年级学校的覆盖率为100%。教育质量问责部门(EQAU)将跟进学校的表现和行为准则的实施情况,审查学生议会理事会的立法,以培养能够承担责任并能进行有效沟通的领导能力。

在计划期间,预计教育部还将增加参加学校供餐计划的学校数量,以便将所有贫困人口纳入教育部的管理。目前北部地区有 69% 的贫困学校接受学校供餐,中部地区有 67% 的贫困学校接受学校供餐,而南部地区有 91% 的贫困学校接受学校供餐。除了增加受益于学校供餐的部门数量之外,还将继续执行一些方案,其中包括与世界粮食计划署和皇家健康意识协会合作的增加厨房计划。

具体目标:

(1)到 2022 年,安全学校的比例将增加到 100%。

(2)到 2022 年,将生活技能项目的实施比例提高到 100%。

(3)增加参与学校供餐计划的学校数量,将所有贫困地区纳入教育部直属机构。

(五)领域 5:人力资源

这一领域涉及与教育系统实现教育部的愿景和使命所需的合格人力资源相关的支柱。其使命是通过促进员工保留的综合政策中以可持续的方式提供合格的人力资源及其专业发展,提供优质的教育服务。为了支持教育部提供合格的人力资源并确保其专业发展,该领域包括以下组成部分:

(1)教师的选拔、招聘和职前资格。

(2)各级行政部门领导的选择和发展。

(3)在职专业发展和教师许可。

(4)教师奖励和鼓励。

(5)教师政策的监测评估和质量控制。

战略目标:为教育系统提供、发展和维持合格的人力资源。

第 1 部分:教师的选拔、招聘和职前资格

解决挑战:

(1)流行文化认为教育是一种工作,而不是一种职业。

(2)大学毕业生的质量较低。

(3)所提供的教师专业发展课程的质量有时较低。

(4)缺乏对教育行业感兴趣的男性。

(5)缺乏教育所需的某些专业。

①选拔和招聘教师

在计划期间,教育部寻求进一步将教育视为一种职业,而不仅仅是一份工作。教育部计划通过制定具体标准和替代程序,以实现改革教师选拔和任命机制的目标。同时也力求通过设立一个招聘办公室来选拔教师,然后在地方部门设立就业办公室来实现权力下放。拥有这样一系列的过程,教育部将能够更好地选拔合格的教师进入课堂。

②职前资格

随着约旦哈希姆王国实现知识经济教育的转型和改革,考虑到由于职前教师培训计划的缺失所造成的差距,教育部制定了一项全面的新教师培训计划。在今后五年中,教育部寻求与约旦大学和拉尼娅·阿卜杜拉王后教师培训学院合作,建立一个综合的职前教师培训系统。这项职前培训计划将有助于任命具有技能和积极性并能够在其专业领域取得进步的合格教师。

具体目标：

将公共部门合格新教师的比例从13%（2016年）提高到2022年底的70%。

第2部分：各级行政部门领导的选择和发展

解决挑战：

(1)在系统的各个方面缺乏有效的领导。

(2)学校领导缺乏颁发许可证的制度，其中领导岗位的招聘制度目前主要是基于服务期限而非个人表现和潜力。

①专业发展教育领导者

教育部一直在努力培养其专业人员，使其成为能够满足约旦为未来培养学生所需要的教育领导者。约旦依靠教育领导者来激励、鼓舞和授权学校社区培养优秀的公民。校长是鼓舞人心的领导者，他们激励和鼓励学校周围的利益相关者和受益者做出积极的改变。这些积极的变化有望带来更好的（物质、社会和学术）学习环境，从而有助于培养有能力取得成就的健康学生。因此，有必要审查和制定选拔教育领导者的标准，并为教育领导者开发专业发展课程，使其成为变革的领导者、教育的领导者以及人民和社区的领导者。教育部力图建立一种制度，使教育领导人坚定不移，让学生受益并发展他们的整体人格和学术成就。

②教育领导者的许可

教育部已开始使教育领导者的选拔制度化，并且制定了2014年的领导标准，以及教育领导者专业发展的课程框架。此外，教育部还根据人力资源管理和教育监督培训部门的具体执行机制和程序，制定了选择和任命教育部领导职位候选人的方法。这些机制包括实施若干方案，促进教育领导人的专业发展。

然而，由于这些过程还没有很好地发挥作用，因此有必要在职业道路的更广泛背景下审查领导标准、能力和发展方法，这应基于对各级教育领导的选拔过程和职务描述的审查。根据这项审查，教育部计划建立一个教育领导许可证制度，并且预计将在本计划期间制定和实施许可证制度。该许可证制度与学校领导人的专业发展系统相结合，将重点放在教育发展的技术方面，以强化能力和学生的表现。

具体目标：

(1)到2022年，建立在所有行政级别选择、发展和许可领导的机制。

(2)到2022年，65%的公共领导者和30%的私人领导者将根据新系统获得许可。

第3部分：在职专业发展和教师许可

解决挑战：

(1)在职和职前培训的财政拨款有限。

(2)当前教师反对实施计划和许可证制度,因为该制度对他们的工作构成威胁。

(3)现有的选择新教师的过程不同于公共部门的正规就业程序,需要更多的政府支持。

(4)学校领导人反对许可制度和新的评估标准。

(5)将专业发展外包给多个服务提供商的能力和权限有限。

(6)为制定标准提供的技术支持有限。

(7)普通教师和教师代表反对评估和分类过程中的变化。

(8)校长缺乏对教师进行可靠和有力评估的能力。

(9)缺乏与教师绩效相关的数据,限制了系统有效监控绩效的能力。

(10)教师和监督者缺乏性别意识。

①在职专业发展

在计划实施期间,教育部致力于采用教师发展和能力的专业标准,将有助于建立持续专业发展课程和教师综合培训计划。教育部计划改革多服务提供者系统,以便与大学合作提供三个地区的培训服务,并且由此而设立培训中心。同时,将通过加强 ETC (教育培训和监督管理部门)的作用和建设其能力来建立认证和质量控制体系。

②教师职业许可、晋升和评估

在该计划实施期间,教育部致力于建立一个综合系统,在可持续的职业道路上处理教师的职业许可、评估和晋升问题,并将其绩效与明确的评估政策联系起来。

具体目标:

在职专业发展和教师许可颁发方面,到 2022 年拥有职业许可的教师在公共部门达到 50%,在私营部门达到 20% 的比例。

到 2022 年,接受性别概念培训的教师数量达到 1 500 人。

第4部分:教师奖励和鼓励

解决挑战:

(1)教师奖励的财政拨款有限。

(2)需要继续学习以及拥有技术专长。

尽管约旦人认为教育是一项优先事项,但教育专业并没有吸引约旦人才,由此可以说,教学不是一个有吸引力的职业。因此教育部希望通过应用专业系统和其他激励措施来改变这种观点。

教育部有众多社会福利系统,根据其服务年限激励教师和员工。但是,这种激励制度存在缺陷。有人认为,每位教师的奖励金额太少,并且奖励是根据服务年限而不是教师的资格或表现来分配的。而且,由于绩效与奖励之间没有关系,因此系统并没有有效地促进教师实现卓越绩效的过程。而对于负有更多责任或执行基本职务描述未涵盖教育任务的教师,不给予任何津贴或特权。在计划期间,教育部旨在确保根据专业计划中包含的系统机制分配奖金,以便激励与教师的专业表现挂钩。

在教育战略计划中，教育部将采用一系列的计划，即通过采用明确和具体的方法来奖励和鼓励员工追求卓越。为了实现客观性、公正性和透明度，将采用符合该部目标的一套法规、指示和卓越原则。将授予在教育部工作的拥有学士学位的人以拉尼娅王后教育卓越奖、教育儿童皇家奖学金、高等学历奖学金、内部和外部的课程奖、科学奖学金等，此外还将继续给予教育部工作人员社会保障基金、住房基金、紧急预付款以及住房和教育预付款。教育部还希望增加更多激励措施，以强化社会福利保护伞。

具体目标：

(1)增加从绩效相关激励制度中受益的教师的百分比，每年达到5%。

(2)扩大社会福利方案，到2022年将工作满意度从69%提高到80%。

第5部分：教师政策的监测、评估和质量控制

解决挑战：

(1)专业发展项目的质量是有限的。

(2)有必要为教师专业发展提供能力发展和资金支持。

由于教师政策各组成部分的重要性，全球最佳实践的迅速变化，加之教师对改善教育过程的影响，在整个计划期间需要重点关注教师政策的监测、评估和质量控制，因为教育部需要专注于追求持续的专业发展，转移其影响并衡量培训投资。这一部分将讨论利用性别敏感指标建立监测和评估的总体框架，开展各种研究并学习与教师政策有关的全球最佳实践。教师政策组成部分的不断发展将受益于这些研究和实践的成果，也意味着需要提供技术专长、财政支持和工作人员的能力建设。

具体目标：

根据研究结果和最佳实践制定教师政策。

(六)领域6：职业教育

这一领域涉及教育部中等教育11和12年级的职业教育(VE)体系。在教育战略计划(ESP)期间(2018—2022年)，教育部通过提高职业教育的质量，增加教学专业的数量及发展与私营部门的伙伴关系，力求提高学生和家长对职业教育的认识水平。为此，该领域包括以下部分：

(1)改进管理。

(2)提高入学率。

(3)提高质量。

战略目标：增加职业教育的机会并提高其质量。

第1部分：改进管理

解决挑战：

(1)缺乏对职业教育领域工作人员的财政激励措施。

(2)暂停对处理设备和危险工具的职业教育教师的津贴。

(3)难以估计学校建筑和重建的财务成本。

这一部分的目的是重组和改进职业教育系统的管理体系。主要优先事项是对现有教育部职业教育系统进行彻底研究和政策审查,包括审查结构(中央和各级部门)、学生职业体系、课程、职业教育标准、工作人员的激励和奖励以及职业教育系统的总体规划和管理。根据2016—2025年国家人力资源开发战略,教育部通过国家职业技术教育与培训委员会,倡导由政府统计局进行的劳动力市场调查,以确定新职业培训课程,更为重要的是为学生确定新的或非传统的体系。

职业教育培训师教授理论和实践材料。与纯粹的学术型教师相比,职业教育培训师需要了解更多与安全相关的问题。在某些情况下,在培训讲习班中会使用危险工具。因此,教育部的目标是批准职业教育培训师的津贴,以补偿他们的工作量和工作环境,促进合格的教师参与到职业教育当中。这将在教师和学生之间产生积极的影响,并建立激励教师培养学生技能、面向未来的学习环境。

具体目标:

(1)到2022年,修订职业教育政策和结构。

(2)到2022年,为职业教育教师制定经修订的绩效和激励制度。

第2部分:提高入学率

解决挑战:

(1)从10年级转至职业教育的过渡率过低(2016年约为14%)。

(2)社会对职业教育的消极理解。

(3)缺乏合适的学校建筑。

(4)职业教育的高成本。

(5)在现有职业体系中存在性别偏见,例如:男生的家政学已停止(尽管有需求),缺乏适合女生的非传统教育体系,并且需要更多的女子农业学校。

这一领域的具体目标之一是增加进入职业教育体系的学生人数。因此,这就需要增加学生和家长对职业教育的需求,以及增加职业教育学校和专业的数量。同时教育部也应致力于增加职业学校的数量,并加强包括男生(如家庭经济学)和女生(例如电子或家电维修)在内的非传统教育体系。

通过职业指导和毕业生跟进部门开展的综合方法,为家长和教育顾问提供关于职业教育的必要信息。准备包括职业教育专业化的所有基本信息在内的专业指导计划是他们工作的一部分。这些信息提供给地方部门的职业教育部门负责人以及普通教育管理部门的职业指导部门的负责人。随后将会利用这些信息制订一个全面的计划,指导教育顾问、学生和家长。此外,职业教育管理部门的目的是对各个职业教育分支机构的毕业生的就业率和工资进行研究,以便向学生、家长和教育顾问提供这些研究的结果,包括有关劳动力市场高需求的专业化信息。这也将有助于加强教育顾问、家长和学生的意识,引导他们未来在这一领域的选择。

管理部门还对基础学校进行实地考察,为10年级学生及其家长提供有关职业教育重要性意识的讲座。在计划期间,管理部门会通过分发传单、媒体宣传和会议来推广其宣传活动,目的是吸引更多学生参加职业教育,改变对职业教育的陈旧观念以及对学术型教育的偏好。

在计划期间,教育部还致力于增加职业教育学校的数量。目前,约旦王国只有23所专门的职业教育学校,其余的职业教育在187所综合性学校进行,其中包含为不同的职业学科举办的讲习班。讲习班的发展趋势以及职业教育目前被视为大学系统的一种更容易的替代方案,这就削弱了职业教育系统。

因此,教育部寻求建立另外15所专门的职业学校,这些新学校的专业将根据市场研究以及家长、学生和劳动力市场的要求而建立。为了有效实现女孩入学率的提高,至少有7所新学校将面向女孩设立(其中2所学校致力于农业领域)。此外,管理部门将与学校测绘部门协商确定新学校的合适选址。学校将专注于一个(或可能更多)专业,同时教育部也将寻求提高职业学校与劳动力市场的战略伙伴关系的潜力。例如,劳动力市场中的酒店和酒店学校之间及工厂和工业学校之间都存在合作伙伴关系,扩大这些伙伴关系将推动向职业教育的过渡。

具体目标:

(1)将过渡到职业教育的10年级学生的比例从11%(女生为10.5%,男生为15.0%)提高到17.0%。

(2)将专门的职业教育学校从23所增加到38所(新学校中至少有7所面向女生)。

第3部分:提高质量

解决挑战:

(1)职业教育领域的不断发展与紧跟时代的必要性。

(2)私营部门的职业教育参与率低,未被纳入职业教育培训与课程开发。

(3)更新职业教育讲习班的高成本。

(4)在现有职业体系中存在性别偏见,例如:男生的家庭经济学已停止(尽管有需求);缺乏适合女生的非传统体系,并且需要更多的女子农业学校。

这一部分旨在通过提高职业教育教师的效率来提高质量,通过质量培训推动使用现代化设备,到2022年受训者覆盖率达到100%,并促进与私营部门建立有效的合作伙伴关系。

正如提高入学率的部分所述,需要为女生和男生增加额外的职业教育体系。这些新体系将提高职业教育的入学率以及满足学生需求,并提高其质量水平。为指导顾问、教师和学生提供性别培训也是该计划的一部分。职业教育教师的在职培训首先要求确定教师的培训需求以及适当的培训内容。此外,管理部门将确定熟练的培训师、可进行培训的培训机构和实施时间表。

提高职业教育的质量还需要更新和维护设备及建筑物。教育部将在其职业培训讲习班中盘点现有设备,编制所需设备清单和确定所需维护的需求,并购买新的设备,同时还将确定需要维护的学校建筑,包括为残疾学生提供康复服务,以及为学生和员工提供安全的学校环境而制订和实施时间表计划。

为了进一步发展安全和包容的学习环境,职业教育部门将继续与教育部安全总局合作,该部门负责实施、监督和执行职业教育学校的安全标准。此外,教育部安全总局同职业指导部门一道与地方部门合作,将职业教育学生纳入与打击药物滥用、暴力和其他可能出现在学校社区的,如吸烟、麻醉品和精神药物、欺凌等不良行为有关的宣传方案。

具体目标:

(1)到2022年,受过培训的教师比例从25%增加到100%。

(2)为每个职业专业发展与私营部门至少建立一种伙伴关系。

第三章　监测和评估

监测和评估(M&E)是管理和实施教育战略计划(ESP)各领域计划和活动的基石。形成可靠的监测和评估机制是优化资源利用的基础,以便实现教育战略计划的目标,并提高可信度和问责制。本章旨在列出关于监测和评估活动的关键原则,并概述监测和评估活动管理与协调中的机构责任。监测和评估系统的重点是以证据为基础的数据驱动的决策过程,该过程利用各种来源准确、可靠和相关的信息。

(一)监测和评估系统的关键原则

基于结果的框架将作为一个总体框架,用来加强和重新校准教育部目前的监测和评估系统,以监测和评估教育战略计划的计划和管理绩效。在监测和评估系统的开发中将遵循以下关键原则:

(1)基于结果的监测:一种需求驱动的监测系统,其中重要的结果将设置数据和监测系统的概要。系统将考虑哪些结果将被监测,如何监测结果,由谁、如何及何时使用结果以及监测结果的成本。

(2)问责制:在结果层次结构中,结果的所有权是问责制的关键。教育部的每个管理部门将对产出结果(实施监测)和绩效结果(绩效监测)以及影响进展的因素负责。在每个级别的结果中,确保问责机制并取得成果。

(3)公平和性别平等:承诺"不让任何一个人掉队",解决教育中的不平等和歧视问题,同时努力帮助最受排斥的人群。数据按性别、年龄和其他明显的社会经济特征分类,包括收入/财富、地点、阶级、种族、年龄、残疾状况和其他相关特征,并将其作为"不让任何一个人掉队"的收集方法。

(4)透明度:将制定监测和评估流程,包括程序和时间表,并与所有教育部门的利益相关者分享。将收集哪些数据,如何对数据进行潜在分析,谁将进行数据分析以及起草结果分析,将由所有主要合作伙伴以透明的方式确定。监测和评估系统将考虑人力资源开发战略、可持续发展目标监测框架和教育部对叙利亚危机确定的指标,以监测和报告约旦对国际社会的承诺。教育部将制定和更新不同监测框架中使用的主要指标,定期参考附件ME1,以鼓励发展伙伴统一指标。

(5)客观性:政策研究人员和数据解释将是客观的,也是与政策相关的。事实分析报告不仅显示了良好的进展指标,而且显示了缓慢进展或不断恶化的指标分析报告,将以利益相关者充分理解的方式呈现,并将制订后续计划以实现计划成果。

(6)科学性:监测和评估将遵循科学的方法来设计工作、工具开发、现场数据收集、统计分析方法和政策与计划相关性的解释。

(7)监测和评估产品的生产:监测和评估系统将生成若干分析报告,这些报告将被共享、展示、讨论和传播。批准或通过的分析报告将促进关于利益相关者的政策、规划和计划改进。此外,将为内部和外部利益相关者制定数据共享政策,并支持研究和其他目的。

(二)管理和问责框架

战略规划和研究总负责人(MD SPR)将在带头实施可持续规划、监测、报告和审查过程中发挥关键作用。总负责人将促进所有其他管理董事会制定监测和评估运营计划。在监测和评估运营计划中,总负责人将支持关键利益相关者跟踪计划活动或绩效(产出和活动)指标,这些指标在各个领域中确定,并且预计将逐年对结果指标做出贡献。"投入—活动—产出—结果"的贡献关系将每年接受监测和评估,结果分析将反映在年度监测和评估报告中。针对具体领域结果的附件ME2显示了通过实施每个领域中提到的"部分"和"子部分"实现产出和成果指标之间的联系。在数据缺少的情况下,总负责人将继续在教育战略计划实施的第一年促进数据收集。总负责人还将在发展和协调部门(DCU)的支持下,协调监测和报告发展伙伴支持的计划和项目。

由总负责人主持的监测和评估指导委员会将由主要管理局以及发展和协调部门(DCU)的成员重组。规划主任将负责监测和评估指导委员会的秘书处。总负责人将开发流程和工具,以收集准确和及时的数据和信息,例如预期成果和产出的进展、教育服务的利用、预算规定的使用,以便在监测和评估指导委员会会议上报告。监测和评估指导委员会将每个季度召开一次会议,审查目标进展情况。教育部将进行年度审查,邀请所有相关的主要合作伙伴和部委参与。年度审查会议将根据附件ME3所附的成果框架中列出的一系列关键绩效指标(KPI)评估教育战略计划和教育部门的进展和绩效。年度审查还将提供财务和公平分析,以确定差距,确保及时采取干预措施,减少教育方面的不公平现象。教育部将编写各种其他背景文件,如教育部门的公共财政和支出管理和战略分析,以确定加速实现与可持续发展目标和人力资源开发战略相关的教育战略计划目标的最有效战略。根据多项审查、各种来源的数据和信息以及背景文件,教育部将制作以下产品:教育统计年鉴;学生评估结果年鉴;国际学习评估(约旦国家)报告;关于教育战略计划实施进展的监测和评估报告;国家教育指标(NEI)报告;学校成绩单;现场理事会报告卡;其他监测和评估报告;政策简报和数据发布。在权力下放方面,教育部将在地方理事会层面建立定期审查机制,学校和相关机构将参加季度指导委员会会议和国家年度审查。

(三)报告责任结构

为了确保数据用于更好的规划、报告和决策中,总负责人和约旦拉尼娅王后中心(QRC)以及国家人力资源开发中心(NCHRD)将通过投资定期系统收集分类数据来支持全面的数据和信息系统。在 SPRC 和 NCHRD 的支持下,总负责人将继续对其他董事会和地方理事会的各种监测和评估能力水平进行持续评估,以便:改进系统;确保教育部工作人员的专业发展。年度学校人口普查报告将用于跟踪大部分学校水平指标,如净入学率、毛入学率、过渡率、辍学率、生师比、学生与教室比、基础设施可用性、设备,并跟踪按年龄、班级、性别、残疾等量化的指标。

1. 需求驱动的信息系统

需求驱动的信息系统将与开放式教育管理信息系统一起不断发展。

2. 监测和报告的关键角色和责任

(1)中央级(MD SPR、DCU、QRC 和 NCHRD):

①战略规划和研究部总负责人,战略规划和研究部将编制主要监测和评估活动日程、出版物,并与所有的利益相关方分享。

②总负责人将制定和更新来自不同捐助者的不同监测框架中使用的所有主要指标。

③总负责人将进行年度学校普查,该普查将提供监测教育战略计划进展所需的大部分量化指标。

④在实施教育战略计划的第一年,总负责人将收集基线指标。

⑤从中央部委到地方理事会,反馈和响应机制将由总负责人建立,并得到拉尼娅王后中心(The Queen Rania Centre,QRC)、发展和协调部门(Development and Coordination Unit,DCU)以及国家人力资源开发中心(National Center for Human Resources Development,NCHRD)的支持。

⑥总体成果指标和其他重要相关信息的摘要将由总负责人在所有管理局的支持下收集和分析。摘要将根据需要在监测与评估委员会和其他审查论坛中提出。此外,还将生产监测与评估产品,这些产品将被分享用于进一步传播和适当的后续行动。

⑦在 DCU、NCHRD 和 QRC 的支持下,总负责人将编制定期分析报告,详细说明常规教育战略计划指标和调查信息。

⑧总负责人将识别和协调所有评估、研究活动,协调并组织评估和研究结果的传播。

(2)中央级(所有管理部门):

①收集并报告活动实施和其他定量和定性数据,如质量和培训相关指标,并向总负责人和相关理事会报告。

②在各自的管理局内组织月度审查会议,审查实现目标的进展情况,针对审查成果不足的问题领域,确定最佳实践方法,并制订和实施后续行动计划。

(3)地方总局级(各省的教育部结构):

①收集并报告流程、实施情况以及其他定量和定性数据,如质量和培训的相关指标,并向教育部相关管理局报告。

②组织所有学校开展月度审查会议,审查实现目标的进展情况,针对审查成果不足的问题领域,确定最佳实践方法,制订和实施后续行动计划。

③每月向教育机构提供有关数据质量的反馈,并确定报告数据中的任何差异,针对检查计划结果不足的问题领域,制定和实施补救措施。

④每季度分析 EMIS 数据以识别异常的趋势,并与相关的教育部管理局和教育机构进行讨论。

(4)学校和教育机构级:

①与地方理事会合作,改善学校和研究所的监测与评估系统。

②在学校和机构层面收集和输入数据。

③在学校和机构内组织月度审查,并向相关工作人员提供反馈。

④按月分析教育管理信息系统的数据,以确定问题区域并制定和实施补救措施。

(四)评估与研究

总负责人与国家人力资源开发中心将准备一份成本计算的评估和研究计划。

(五)所需的机构能力和资源

教育部致力于投资监测与评估系统的制度化,并建立可持续的监测与评估能力,以便在教育战略计划实施期间有效管理和开展监测与评估活动。有关机构能力需求和整体监测和评估发展框架的更具体细节,请参阅《监测与评估框架(更新)和教育部发展,约旦 2018 年》文件。

(六)关键绩效指标

关键绩效指标是与领域达成一致的结果和中间结果水平指标。关键绩效指标将每年进行监测和评估,结果分析将反映在年度监测和评估报告中。产出和活动水平指标(实施水平指标)将成为每个管理局个人实施计划的一部分。年度学校人口普查报告将用于跟踪大多数学校层面的指标,以确定量化指标。

第四章 战略的量化方案、成本和融资策略

本章从人口统计学的角度和教育部的教育目标出发,提出了战略的量化方案。这些预测确定了满足各级预期入学率所需的人力和物力资源。

随着运营计划的实施,所需要的资源将转化为金融需求。项目费用包括教育部预

算或其合作伙伴提供资助的所有经常性和发展性支出。然后,将该战略所需的财政资源与宏观经济和政府预算框架所产生的教育部预算的估计相比较,从而洞悉关于基金策略的相关见解。

一、约旦教育模拟模型

约旦教育模拟模型是一种模拟工具(使用 Excel),旨在为教育的发展创建量化场景,并评估教育目标对财务和人力资源的影响。该模型涵盖了教育部监管的各教育部门。具体包括:

(1)根据人口预测和关于入学的具体目标对入学人数的预测。

(2)为容纳学生人数而需要的工作人员和资源的预测。

(3)各级所需财政资源的预测。

(4)根据宏观经济前景预测预算来帮助评估财务可行性。

该模型最初是在 2016 年应教育部的要求开发的,作为由联合国教科文组织安曼办事处实施的开放式教育管理信息系统项目提供的欧盟资助技术支持的一部分。联合国教科文组织与法国咨询公司 SOFRECO 签订了合同,在各个领域提供技术援助,包括设立一个仿真模型。为了筹备教育战略计划(2018—2022 年),并考虑到最后可用的统计数字和预算数据,我们对模型进行了更新升级。国际环境规划部/教科文组织进一步拟订了该战略的运作计划。

人口环境

由统计部在 2015 年实施的人口普查提供了居住在约旦的人口统计数据。教育战略计划(2018—2022 年)的人口统计框架就是源自这种结构的。目前还没有正式的人口预测,在统计局公布官方预测之前,临时预测是在作为临时人口框架基础之上做出的。

人口统计前景是根据假设每年出生人数减少 0.5% 和年生存率达到 0.992(适用于 0~24 岁的人口)来预估的。这些假设是通过对 2015 年人口年龄结构的分析得出的:0~4 岁的人口数量较低于 5~9 岁的人口数量。在 2015 年人口普查时,这些关于 2022 年学龄儿童人口的假设所产生的不确定性是有限的,它只影响幼儿园水平和前两个阶段的基础教育,因为 2015 年人口普查时的零岁儿童直到 2021 年才开始入读 1 年级,当时他们才年满 6 岁。

主要的不确定因素是非约旦人口,更具体地说是整个人口中的叙利亚部分。叙利亚冲突造成的包括妇女和幼儿的人口涌入比例高于约旦平均人口。叙利亚幼儿园阶段儿童占学龄人口的 18.2%,而 16~17 岁儿童仅占了 14.1%。

采用 Sprague 乘数法,用单个年龄的人口数据进行分解,对连续教育周期的学龄人口进行估计。从全球来看,2018—2022 年,学龄人口预计不会有太大变化。但是,应该指出的是,2015 年的人口普查数据显示了常住人口的增长。

二、2015年人口普查引入的人口数据变化

人口普查重新评估了人口的规模。

应该指出的是,教育部在2015—2016年之前使用了另一套人口数据来计算入学指标。每年按要求提供人口数据。这些估计并不是基于2015年人口普查的结果做出的。

(一)各层次的预期入学人数

各层次的招生角度主要来自三个战略目标:

(1)5岁上学的普遍化。

(2)向所有儿童提供基本教育周期。

(3)发展中等教育,增加职业学习机会。

1. 目标

在幼儿园阶段,到2022年有80%的5岁儿童能够入读KG2。

2015—2016年,有90 306名儿童入读KG2,占5岁人口的59%。教育部的长期目标是向居住在约旦的所有儿童提供KG2教育。2022年的战略是加强学校招收6岁儿童的能力,预期达到80%的覆盖率。KG1课程由私立学校提供,教育部没有计划发展这一水平的学校教育。这一政策规定,到2022年有35%的4岁儿童能够进入私立学校就读。此外,政府学校预计招收更多的KG2学生。这一方案假设教育部学校占45%,私立学校占55%,2022年教育部学校的入学人数约为7.1万,而2015年仅为2.5万。

2. 为所有儿童提供基础教育

这一制度面临的主要问题是10年级以下的辍学儿童以及为所有国籍的儿童提供教育的必要性。目前约旦学生的入学率和注册率都很高,但在10年级之前约有16 000名学生辍学。在考虑总人口时,教育指标较低。

教育战略计划(2018—2022年)旨在通过向所有儿童提供基础教育,并在2022年之前消除各级基础教育的辍学现象,以此来改善入学指标。到2022年,进入基础教育阶段的学生人数将达到180万左右,而2015年仅为160万。由于学生保留率的提高,7至10年级的增长率会更高。这些水平也是教育部学校入学比例较高的水平,并且教育部学校将需要在2022年增加190 000名学生。

3. 10年级后学生流动:发展职业教育

发展职业教育的政策意味着10年级学生在11年级继续从事各种职业教育的比例将会增加。2014—2015学年,有66%的10年级学生在第二年升入学术班级,主要是文学班级(37%)。在10年级的学生中,只有11%的人能接受职业教育。这一战略旨在发展职业流程,到2022年能够容纳20%的10年级学生。选择学术和文学的10年级学生的比例将分别被降低到25%和35%。

改善学校教育指标的长期目标将使几乎所有的儿童在 2030 年升入 10 年级。约旦学生可以更早地实现这一目标。

各级教育的学生人数都会有所增加。相对而言,由于 2022 年的入学率几乎是 2015 年的两倍,因此幼儿园和职业中学的相对增长率将会更高。但是,由于学生的保留率有所提高,因此在基本教育周期学生人数一定是增长的。教育部学校将不得不容纳更多的学生。

4. 年级、教师和学校

这一设想是基于在 2016—2017 学年期间的班级规模不变,教师/班级比例不变,系统各级学生/教师不变而建立的。教育部学校预计将增加 15% 的入学人数,预期班级人数将增加 15%。五年内将增设 7 600 个课程,其中,5 400 个为基础教育范畴,1 100 个为幼儿园范畴,1 100 个为中等教育范畴。

为了满足这一需求,教师的数量必须增加 19%。在基础教育和中等教育较高的年级,由学科教师授课,入学率将会提高,从而导致更高的教师/班级比例。此外还应指出,教师的人数应相当于学校内教师的总和,包括在难民学校上夜班的教师,要么是临时教师,要么是领取特定津贴的教师。

在基础设施方面,该方案预计在教育战略计划期间(2018—2022 年)再建 300 所大型学校。每所学校能容纳 1 000 名学生和 28 个教室。致力于这些重要的基础设施旨在减少租用学校的数量,限制使用双班制。

2015—2016 学年,在教育部管理的 3 683 所学校中,852 所学校使用租用的设施。租赁的学校比不租赁学校规模要小,平均有 8 个班级和 164 名学生,而教育部拥有的学校平均有 14 个班级和 397 名学生。

同年,450 所学校实行了双班制,要么与难民共享设施,要么与另一所普通学校共用一个晚班。双班制的学校一般是大学校,平均有 16 个班级和 524 名学生。早班学校使用 3 925 间教室,晚班使用 3 255 间教室。由于采用班次制度,学校使用的人口普查中记录的教室有 47 056 间,包括重复计算在内;如果减去夜班学校使用的 3 255 间教室,实际可用的教室为 43 801 间。

5. 运营计划成本

该运营计划包括教育部打算开展的活动,以配合教育体系的发展,并提高入学机会、质量和效率。运营计划不包括员工成本,也不包括学校和行政办公室的日常开支,但是包括基础设施和设备的费用以及其他发展开支。该运营计划在 5 年期间内总费用达 21 亿约旦第纳尔,并在此期间平均地分配。入学与公平的领域的支出最高,因为它包含基础设施成本。

运营计划的 254 项活动分为 6 个主要领域和 22 个组成部分。成本计算是在各级活动中进行的,但是,这里的成本是分领域的,并且是具有等级性区别的。有些活动可能不需要具体的预算,而是通过常规性拨款提供经费。

建造新的教育部学校(12亿约旦第纳尔)以及为学校提供太阳能设备（2亿约旦第纳尔），这两项活动费用占总费用的66%。

6. 战略的总成本

教育部的总成本是增加核心费用,即员工成本、经常性支出、投资和行政费用,以及业务计划中预见的活动的费用。预计成本与2017年的预算一致。一个方案所需的费用是按教育水平和支出对象计算的,包括根据政府宏观经济视角对价格上涨的假设。而平均工资成本是根据价格上涨调整的。一些支出与核心预算成本和运营计划是共同的。

(二)融资战略

执行战略所需的预算支出必须由政府部门或合作伙伴提供的财政支持来支付。计划的教育费用在很大程度上受到难民涌入的影响,这些难民扩大了学龄人口的规模,并要求增强学校系统的能力。教育是JRP(约旦应急方案)的一个重要组成部分,在约旦教育战略计划(2018—2020年)中,由捐助团体资助的教育经费在3年里达到11亿美元(占全部JRP的15%)。为了分析融资战略,需要着重讨论政府的预期预算以及外部伙伴的潜在支持。

约旦政府预期预算

以下内容的估算是根据财政部在与国际货币基金组织（IMF）讨论后制定的《2014—2022年宏观经济展望》。这一宏观经济前景为政府预算的主要项目提供了经济增长、物价上涨和政府收入与支出总体水平的远景。包括国内资源和合作伙伴的预算或项目支持在内的政府收入到2017年将达到80.04亿约旦第纳尔,到2022年可能达到103.89亿约旦第纳尔,五年内增长了30%。到2022年,预计政府支出将达到112.40亿约旦第纳尔(增长29%),其中经常性预算为93.73亿约旦第纳尔(增长24%),发展预算为18.67万约旦第纳尔(增长61%)。

考虑到这些估算,教育部可能会保守预测其预算:

(1)对于2018年和2019年,教育部预算对应于2017年预算文件中设定的临时目标值。

(2)在过去的数年,政府部门预算中,预估政府开支占政府员工成本的55.1%,占其他经常性开支的3.9%。该预测对发展预算的预期更为乐观,维持在政府预算的6.0%,是过去5年的最高水平。

根据这些假设,在2022年,教育部可分配总额为11.14亿约旦第纳尔,其中经常性开支预算为9.99亿约旦第纳尔,发展预算为1.15亿约旦第纳尔。

在这一框架之下,与其他中高收入国家相比,教育部在政府预算中的占比将保持在较低水平。应该指出的是,政府预算在证券、债务偿还和养老金方面的支出很多,根据教育部宏观经济展望,这3个项目目前占政府经常性支出的60.0%,到2022年将达到63.9%。在这种背景下,很难指望政府会在教育预算中占很大比例。目前的拨款可以得到改善，但是这里的预算却是保守的。

这些预算包括发展伙伴通过教育部或 MOPIC（教育部的规划与国际合作）预算管理提供的支助，还包括预算支持和项目支持。但是，这些数字不包含预算外的支持。2015 年，发展伙伴的教育实际支出中，3 600 万约旦第纳尔用于预算支持，800 万约旦第纳尔用于通过 MOPIC 管理的贷款。这一预算一共记录了 4 400 万约旦第纳尔。此外，合作伙伴还在预算外项目上投入资金。

(三)外部支持教育

目前，对约旦教育系统的外部财政支持主要是与约旦一直承受的叙利亚难民的涌入有关。外部来源的实际支出很难跟踪，因此可以使用各种财务渠道和支付类型，可以通过政府预算资金作为预算支持进行管理，但不能立即在预算内确定。计划的贷款可以通过 MOPIC（教育部的规划与国际合作）管理，其他计划可以在政府的财务管理系统之外进行管理。

捐助者团体在联合资源方案计划内执行了一份关于教育部门正在进行的承诺方案。每个计划都有自己的时间表。该表最后三栏是根据合伙协定总额和在计划执行期间按比例计算的年度概算。这些预测值并不代表正式付款时间。

2017 年的支出预计为 2.425 亿约旦第纳尔，其中 1.887 亿约旦第纳尔在约旦政府预算之外。2017 年的数字可能被认为是全面的，类似的资金在其他年份也有可能出现。

融资缺口

该战略的预算和教育预算之间的差额达 4 亿约旦第纳尔，这一差距可以说是相当大了。外部合作伙伴的支持每年有助于减少 2.5 亿约旦第纳尔的差距。战略经费筹措需要支持教师数量和员工成本的增加。到 2022 年，员工成本的缺口将增加到 1.6 亿约旦第纳尔。即使捐助者可以提供难民教育，但填补这一空白将需要为员工成本分配更多的政府预算。

该战略预见到基础设施的重要作用，将提高公平性和质量的各种活动都包含在这项运营计划当中。因此可以与外部合作伙伴讨论为这些支出提供相应资金。

第五章　伙伴关系与协调

(一)引言

教育战略计划（ESP）的首要原则是必须由国家所有和领导。作为一项国家战略计划，它首先是约旦政府的责任，并由约旦政府做出最终的决定，为其实施提供有效资源。同时，ESP 也是指导教育部与发展伙伴进行战略和政策接触的关键资源。本章旨在概述政府与发展伙伴之间有效的合作关系和协调结构，以确保有效的 ESP 实施、监测和评价。

2016年对外援助总额高达31.5亿美元。发展伙伴对约旦教育部门的支持是长期和多样化的,这一支持包括中央、地方和学校各级部门加强规划和执行、能力发展、协调、宣传和资源调动、信息管理、监测和评价系统,以及顾及性别、残疾儿童、儿童保护等其他领域的包容做法。制定ESP的过程是根据约旦教育部门和体制背景,结合其他国家的经验和教训,并结合全球教育伙伴关系的原则,为有效拟订男女教育部门平等计划而制定原则。它是由国家领导的,有着明确的机制,使发展伙伴能够对规划进程进行资金投入,批准ESP并承诺为其实施提供资金。

(二)教育战略计划(ESP)的合作和协调

ESP的实施、监测和评价将利用发展伙伴与约旦教育系统的广泛和深入接触,建立稳固的合作伙伴关系和明确的协调机制。发展伙伴对制订特别方案的支持主要通过教育捐助工作组(EDWG)以及伙伴之间的双边讨论进行协调。将在筹备阶段建立的伙伴关系和协调结构的基础上,执行、监测和评价特别方案,并将其扩大和系统化。伙伴关系和协调结构将考虑过去十年来在知识经济教育改革计划方案下的协调经验,努力支持合作伙伴关系和相互问责,同时不再创建难以管理和过于烦琐的结构。

(三)概述教育战略计划(ESP)伙伴关系和协调结构

三层伙伴关系和协调结构将是执行、监测和评价ESP的核心。

(1)执行委员会水平:高级指导委员会将为ESP的实施、监测和评价提供行政领导,并向皇家法院结果和证据机构报告其相关进展、产出和成果,该机构负责监督2016—2025年国家人力资源开发战略的实施和SDG4路线图。高级指导委员会至少两年举行一次会议,审查ESP的产出和取得成果的进展,并为今后实施ESP制定战略议程。为期三天的年度审查,由为期两天的技术会议和为期一天的高级政策会议组成,并且将成为向高层决策者报告ESP进展和下一步工作的关键一步。

(2)政策、规划和协调水平:政策、规划和协调(PPC)机构将主要负责推动ESP实施所需的五项核心职能(规划和预算、监测和反馈、研究和评价、数据和信息管理、协调)。PPC机构将协调和跟踪由教育部主持的技术工作组(TWGs)的活动,并向高级指导委员会报告ESP活动、产出和成果。因此将会根据ESP监测和评价框架编制包括关于执行ESP的全面年度说明和财务报告。

(3)技术工作组级别:六个技术工作组(每个领域一个)将负责协调与其领域相关的所有ESP活动并向PPC机构报告。技术工作组必须是统一的,但是根据各个领域的独特性和需求,可以遵循不同的结构和过程。

2018年1月,联合国教科文组织对教育部目前在规划和预算、监测和反馈、研究和评估、数据和信息管理、协调五个核心领域的机构能力进行了评估,确定了与当前体制结构有关的优势和劣势,并提出了具体建议,以支持教育部调整其结构,有效实施教育战略计划,并在这五个核心领域培养其长期能力。发展伙伴将协调向教育部提供短期和长期的技术援助以支持 PPC 机构,并在五个核心领域增强教育部的能力。技术援助的职权范围将由教育部和发展伙伴商定。

(四)伙伴关系和协调结构的职权范围

为教育部和发展伙伴教育战略计划的实施、监控和评估提供一个共同的参考,需要制定一个职权范围(ToR)。职权范围不会是一份法律文件,但会反映共同的行动路线。预计职权范围包括:

(1)列出高级指导委员会、PPC 机构和 TWGs 的个人职责范围以及明确这些机构的相互作用。

(2)强调教育部和发展伙伴对共同工作计划的承诺,其中战略、政策、发展、规划、监测和评估是通过共同努力和相互协商来实施的。

(3)指出教育部和发展伙伴将实现 2016—2025 年人力资源开发战略和 SDG4 等全球目标中的教育部门的共同目标,并且协调其努力,以支持教育发展战略的实施。

(4)政府旨在提高各方的透明度和问责制,改善筹资的可预见性和分配,并更好地通过教育战略计划协调支持约旦教育部门的各种投入和活动。

(5)教育部大纲的一系列承诺,其中包括:

①全面领导教育战略计划的推行、监测及评估工作,确保教育战略计划符合人力资源开发(HRD)战略及 SDG4。

②确保所有教育战略计划执行、监测和评价的资源均可在教育部预算和规划中获得和得到反映,为此,考虑与财政部协调,修订教育部的预算结构,以反映教育战略计划的执行情况。

③确保教育战略计划与其他部委或部门负责的教育部门的倡议和项目之间保持一致。

④PPC 机构确保每年进行一次高级别年度审查,及时并实事求是地向其发展伙伴报告任何可能对教育战略计划执行产生不利影响的重大事件。

⑤就教育政策的任何重大变化与发展伙伴协商。

⑥与发展伙伴就预算拨款的任何重大变化以及与健全的公共财务管理和采购有关的内部和外部控制进行协商。

(6)概述发展伙伴的一系列承诺,其中包括:

①尽可能使其计划、执行、监测和评估活动与教育战略计划中建立的过程保持一致和协调。

②同意最大限度地开发和使用叙述和财务报告的通用报告程序和格式,而不能用过于行政、复杂和具体的要求来加重教育部的负担。

③避免扭曲现有政府教育部门的计划、政策和策略。

④通过积极和建设性地参与和支持与年度审查有关的技术工作组,协调政策对话、磋商和信息共享。

⑤支持在技术援助和能力建设方面采取协调一致的做法,目的是长期增强教育部能力。

(7)概述教育部和发展伙伴的一系列集体责任,其中包括:

①为教育战略计划中确定的活动提供资金。

②按协议及时支付款项。

③PPC机构确保向所有合作伙伴免费提供关于教育部门所有相关干预措施(包括咨询、项目和方案倡议、教育部提出的援助请求、项目评估、实施和进度报告、技术援助报告、评估报告、预算和支出报告等)的信息。

④努力开展越来越多的联合协调的活动(例如联合规划、监测和评估/核查团;战略和联合技术援助)。

(五)拟议的教育战略计划伙伴关系和协调机制的职权范围

1. 高级指导委员会

主席:教育部部长或秘书长。

秘书处:PPC机构的行政领导。

参与成员:由教育部部长任命的其他有关部门(如财政部、规划和国际合作部)、国家委员会和组织的代表。

附则:响应主席的要求开会,并根据需要定期讨论教育战略计划实施的进展程度。应该用三天的时间来进行年度审查。

职权范围可能包括:

(1)与政策、规划和协调机构合作,描绘职权范围,为教育部、发展伙伴和教育利益相关者在实施、监控和评估ESP方面提供一个共同的参考点。

(2)确保教育战略计划的实施符合人力资源开发和SDG 4的目标和优先事项,并报告有关教育战略计划活动、产出和成果。

(3)作为年度审查的一部分,为教育战略计划的实施、监测和评价提供监督和战略指导,包括与所有发展伙伴和教育利益相关者进行半日的高级别政策对话。这半日的会议将包括:PPC机构和技术工作组主席的报告演讲,强调进展、挑战和政策建议;与发展伙伴和教育利益相关方进行高层政策对话;高级指导委员会的决策和前进方向。

2. 政策、规划和协调机构

主席:教育部管理理事会——战略规划与研究。

秘书处:发展协调部门。

参与成员:教育部领导五项核心职能(规划和预算、监测和反馈、研究和评价、数据和信息管理、协调)

决策机制:决策将基于PPC团队成员的协商和共识。PPC机构的决定将提交高级指导委员会进行协商和商议。

汇报机制:形成会议纪要,及时与技术工作组成员分享。

时间表:至少每月一次或者有需要的话更频繁。

职权范围包括:

(1)汇报给高级指导委员会。

(2)六个技术工作组协调工作。

(3)制定广泛的职权范围和执行教育战略计划的路线图,以及巩固年度工作计划以支持执行教育战略计划。

(4)根据需要,为技术援助、外部顾问、评估、研究等提供必要的范围,并与相关的技术工作组进行磋商。

(5)确定技术援助、评估、研究、招聘和遴选专家、咨询公司的资金来源。

(6)合作和支持教育部监督所有步骤,以促进教育战略计划的全面实施。

(7)在捐助者和部委协调论坛上更新和沟通教育战略计划的进展。

(8)根据商定的监测和评估框架(见第三章),与技术工作组协调编制一份全面的年度报告和财务报告。

(9)年度审查准备工作和执行情况,可能包括:

①根据商定的监测和评估框架衡量并在评估、研究等方面确定前一年的进展、成功和挑战。

②向高级别指导委员会整合建议以及提出政策建议。

3. 技术工作组

主席:相关部门主管。

秘书处:支持主席和技术工作组履行其职能;由PPC机构和技术工作组主席以随机方式(机制待定)提名。

参与成员:教育部相关单位,FDs和学校代表,发展伙伴和教育利益相关者,视情况而定。

时间表:至少每月一次或者有需要的话更频繁。

职权范围包括:

(1)负责召集会议,制定议程,召开会议,与PPC机构共享信息。

(2)设置会议的最小频率。

(3)向PPC机构报告。

(4)为支持实施教育战略计划的领域制订年度工作计划。

(5)在相关领域内协调教育战略计划的技术和财务的执行。

(6)为PPC机构确定技术援助、外部顾问、评估、研究等方面的需求。

(7)与PPC机构合作,根据教育管理信息系统数据、教育部、FD和学校监控、问责活动以及相关的评估、报告和研究,起草年度报告和财务报告的章节。

附 录

附录一

推动共建丝绸之路经济带
和21世纪海上丝绸之路的愿景与行动

国家发展改革委　外交部　商务部
（经国务院授权发布）
2015年3月28日

前　言

2000多年前，亚欧大陆上勤劳勇敢的人民，探索出多条连接亚欧非几大文明的贸易和人文交流通路，后人将其统称为"丝绸之路"。千百年来，"和平合作、开放包容、互学互鉴、互利共赢"的丝绸之路精神薪火相传，推进了人类文明进步，是促进沿线各国繁荣发展的重要纽带，是东西方交流合作的象征，是世界各国共有的历史文化遗产。

进入21世纪，在以和平、发展、合作、共赢为主题的新时代，面对复苏乏力的全球经济形势，纷繁复杂的国际和地区局面，传承和弘扬丝绸之路精神更显重要和珍贵。

2013年9月和10月，中国国家主席习近平在出访中亚和东南亚国家期间，先后提出共建"丝绸之路经济带"和"21世纪海上丝绸之路"（以下简称"一带一路"）的重大倡议，得到国际社会高度关注。中国国务院总理李克强参加2013年中国-东盟博览会时强调，铺就面向东盟的海上丝绸之路，打造带动腹地发展的战略支点。加快"一带一路"建设，有利于促进沿线各国经济繁荣与区域经济合作，加强不同文明交流互鉴，促进世界和平发展，是一项造福世界各国人民的伟大事业。

"一带一路"建设是一项系统工程，要坚持共商、共建、共享原则，积极推进沿线国家发展战略的相互对接。为推进实施"一带一路"重大倡议，让古丝绸之路焕发新的生机活力，以新的形式使亚欧非各国联系更加紧密，互利合作迈向新的历史高度，中国政府特制定并发布《推动共建丝绸之路经济带和21世纪海上丝绸之路的愿景与行动》。

一、时代背景

当今世界正发生复杂深刻的变化，国际金融危机深层次影响继续显现，世界经济缓慢复苏、发展分化，国际投资贸易格局和多边投资贸易规则酝酿深刻调整，各国面临的发展问题依然严峻。共建"一带一路"顺应世界多极化、经济全球化、文化多样化、社会信息化的潮流，秉持开放的区域合作精神，致力于维护全球自由贸易体系和开放型世界经济。共建"一带一路"旨在促进经济要素有序自由流动、资源高效配置和市场深度融合，推动沿线各国实现经济政策协调，开展更大范围、更高水平、更深层次的区域合作，共同打造开放、包容、均衡、普惠的区域经济合作架构。共建"一带一路"符合国际社会的根本利益，彰显人类社会共同理想和美好追求，是国际合作以及全球治理新模式的积极探索，将为世界和平发展增添新的正能量。

共建"一带一路"致力于亚欧非大陆及附近海洋的互联互通，建立和加强沿线各国互联互通伙伴关系，构建全方位、多层次、复合型的互联互通网络，实现沿线各国多元、自主、平衡、可持续的发展。"一带一路"的互联互通项目将推动沿线各国发展战略的对接与耦合，发掘区域内市场的潜力，促进投资和消费，创造需求和就业，增进沿线各国人民的人文交流与文明互鉴，让各国人民相逢相知、互信互敬，共享和谐、安宁、富裕的生活。

当前，中国经济和世界经济高度关联。中国将一以贯之地坚持对外开放的基本国策，构建全方位开放新格局，深度融入世界经济体系。推进"一带一路"建设既是中国扩大和深化对外开放的需要，也是加强和亚欧非及世界各国互利合作的需要，中国愿意在力所能及的范围内承担更多责任义务，为人类和平发展做出更大的贡献。

二、共建原则

恪守联合国宪章的宗旨和原则。遵守和平共处五项原则，即尊重各国主权和领土完整、互不侵犯、互不干涉内政、和平共处、平等互利。

坚持开放合作。"一带一路"相关的国家基于但不限于古代丝绸之路的范围，各国和国际、地区组织均可参与，让共建成果惠及更广泛的区域。

坚持和谐包容。倡导文明宽容，尊重各国发展道路和模式的选择，加强不同文明之间的对话，求同存异、兼容并蓄、和平共处、共生共荣。

坚持市场运作。遵循市场规律和国际通行规则，充分发挥市场在资源配置中的决定性作用和各类企业的主体作用，同时发挥好政府的作用。

坚持互利共赢。兼顾各方利益和关切，寻求利益契合点和合作最大公约数，体现各方智慧和创意，各施所长，各尽所能，把各方优势和潜力充分发挥出来。

三、框架思路

"一带一路"是促进共同发展、实现共同繁荣的合作共赢之路，是增进理解信任、加强全方位交流的和平友谊之路。中国政府倡议，秉持和平合作、开放包容、互学互鉴、互利共赢的理念，全方位推进务实合作，打造政治互信、经济融合、文化包容的利益共同体、命运共同体和责任共同体。

"一带一路"贯穿亚欧非大陆，一头是活跃的东亚经济圈，一头是发达的欧洲经济圈，中间广大腹地国家经济发展潜力巨大。丝绸之路经济带重点畅通中国经中亚、俄罗斯至欧洲(波罗的海);中国经中亚、西亚至波斯湾、地中海;中国至东南亚、南亚、印度洋。21世纪海上丝绸之路重点方向是从中国沿海港口过南海到印度洋,延伸至欧洲;从中国沿海港口过南海到南太平洋。

根据"一带一路"走向,陆上依托国际大通道,以沿线中心城市为支撑,以重点经贸产业园区为合作平台,共同打造新亚欧大陆桥、中蒙俄、中国-中亚-西亚、中国-中南半岛等国际经济合作走廊;海上以重点港口为节点,共同建设通畅安全高效的运输大通道。中巴、孟中印缅两个经济走廊与推进"一带一路"建设关联紧密,要进一步推动合作,取得更大进展。

"一带一路"建设是沿线各国开放合作的宏大经济愿景,需各国携手努力,朝着互利互惠、共同安全的目标相向而行。努力实现区域基础设施更加完善,安全高效的陆海空通道网络基本形成,互联互通达到新水平;投资贸易便利化水平进一步提升,高标准自由贸易区网络基本形成,经济联系更加紧密,政治互信更加深入;人文交流更加广泛深入,不同文明互鉴共荣,各国人民相知相交、和平友好。

四、合作重点

沿线各国资源禀赋各异,经济互补性较强,彼此合作潜力和空间很大。以政策沟通、设施联通、贸易畅通、资金融通、民心相通为主要内容,重点在以下方面加强合作。

政策沟通。加强政策沟通是"一带一路"建设的重要保障。加强政府间合作,积极构建多层次政府间宏观政策沟通交流机制,深化利益融合,促进政治互信,达成合作新共识。沿线各国可以就经济发展战略和对策进行充分交流对接,共同制定推进区域合作的规划和措施,协商解决合作中的问题,共同为务实合作及大型项目实施提供政策支持。

设施联通。基础设施互联互通是"一带一路"建设的优先领域。在尊重相关国家主权和安全关切的基础上,沿线国家宜加强基础设施建设规划、技术标准体系的对接,共同推进国际骨干通道建设,逐步形成连接亚洲各次区域以及亚欧非之间的基础设施网络。强化基础设施绿色低碳化建设和运营管理,在建设中充分考虑气候变化影响。

抓住交通基础设施的关键通道、关键节点和重点工程,优先打通缺失路段,畅通瓶颈路段,配套完善道路安全防护设施和交通管理设施设备,提升道路通达水平。推进建立统一的全程运输协调机制,促进国际通关、换装、多式联运有机衔接,逐步形成兼容规范的运输规则,实现国际运输便利化。推动口岸基础设施建设,畅通陆水联运通道,推进港口合作建设,增加海上航线和班次,加强海上物流信息化合作。拓展建立民航全面合作的平台和机制,加快提升航空基础设施水平。

加强能源基础设施互联互通合作,共同维护输油、输气管道等运输通道安全,推进跨境电力与输电通道建设,积极开展区域电网升级改造合作。

共同推进跨境光缆等通信干线网络建设,提高国际通信互联互通水平,畅通信息丝绸之路。加快推进双边跨境光缆等建设,规划建设洲际海底光缆项目,完善空中(卫星)

信息通道,扩大信息交流与合作。

贸易畅通。投资贸易合作是"一带一路"建设的重点内容。宜着力研究解决投资贸易便利化问题,消除投资和贸易壁垒,构建区域内和各国良好的营商环境,积极同沿线国家和地区共同商建自由贸易区,激发释放合作潜力,做大做好合作"蛋糕"。

沿线国家宜加强信息互换、监管互认、执法互助的海关合作,以及检验检疫、认证认可、标准计量、统计信息等方面的双多边合作,推动世界贸易组织《贸易便利化协定》生效和实施。改善边境口岸通关设施条件,加快边境口岸"单一窗口"建设,降低通关成本,提升通关能力。加强供应链安全与便利化合作,推进跨境监管程序协调,推动检验检疫证书国际互联网核查,开展"经认证的经营者"(AEO)互认。降低非关税壁垒,共同提高技术性贸易措施透明度,提高贸易自由化便利化水平。

拓宽贸易领域,优化贸易结构,挖掘贸易新增长点,促进贸易平衡。创新贸易方式,发展跨境电子商务等新的商业业态。建立健全服务贸易促进体系,巩固和扩大传统贸易,大力发展现代服务贸易。把投资和贸易有机结合起来,以投资带动贸易发展。

加快投资便利化进程,消除投资壁垒。加强双边投资保护协定、避免双重征税协定磋商,保护投资者的合法权益。

拓展相互投资领域,开展农林牧渔业、农机及农产品生产加工等领域深度合作,积极推进海水养殖、远洋渔业、水产品加工、海水淡化、海洋生物制药、海洋工程技术、环保产业和海上旅游等领域合作。加大煤炭、油气、金属矿产等传统能源资源勘探开发合作,积极推动水电、核电、风电、太阳能等清洁、可再生能源合作,推进能源资源就地就近加工转化合作,形成能源资源合作上下游一体化产业链。加强能源资源深加工技术、装备与工程服务合作。

推动新兴产业合作,按照优势互补、互利共赢的原则,促进沿线国家加强在新一代信息技术、生物、新能源、新材料等新兴产业领域的深入合作,推动建立创业投资合作机制。

优化产业链分工布局,推动上下游产业链和关联产业协同发展,鼓励建立研发、生产和营销体系,提升区域产业配套能力和综合竞争力。扩大服务业相互开放,推动区域服务业加快发展。探索投资合作新模式,鼓励合作建设境外经贸合作区、跨境经济合作区等各类产业园区,促进产业集群发展。在投资贸易中突出生态文明理念,加强生态环境、生物多样性和应对气候变化合作,共建绿色丝绸之路。

中国欢迎各国企业来华投资。鼓励本国企业参与沿线国家基础设施建设和产业投资。促进企业按属地化原则经营管理,积极帮助当地发展经济、增加就业、改善民生,主动承担社会责任,严格保护生物多样性和生态环境。

资金融通。资金融通是"一带一路"建设的重要支撑。深化金融合作,推进亚洲货币稳定体系、投融资体系和信用体系建设。扩大沿线国家双边本币互换、结算的范围和规模。推动亚洲债券市场的开放和发展。共同推进亚洲基础设施投资银行、金砖国家开发银行筹建,有关各方就建立上海合作组织融资机构开展磋商。加快丝路基金组建运营。深化中国-东盟银行联合体、上合组织银行联合体务实合作,以银团贷款、银行授信等方式开展多边金融合作。支持沿线国家政府和信用等级较高的企业以及金融机构在中国境内发行人民币债券。符合条件的中国境内金融机构和企业可以在境外发行人民币债券和外币债券,鼓励在沿线国家使用所筹资金。

加强金融监管合作,推动签署双边监管合作谅解备忘录,逐步在区域内建立高效监管协调机制。完善风险应对和危机处置制度安排,构建区域性金融风险预警系统,形成应对跨境风险和危机处置的交流合作机制。加强征信管理部门、征信机构和评级机构之间的跨境交流与合作。充分发挥丝路基金以及各国主权基金作用,引导商业性股权投资基金和社会资金共同参与"一带一路"重点项目建设。

民心相通。民心相通是"一带一路"建设的社会根基。传承和弘扬丝绸之路友好合作精神,广泛开展文化交流、学术往来、人才交流合作、媒体合作、青年和妇女交往、志愿者服务等,为深化双多边合作奠定坚实的民意基础。

扩大相互间留学生规模,开展合作办学,中国每年向沿线国家提供1万个政府奖学金名额。沿线国家间互办文化年、艺术节、电影节、电视周和图书展等活动,合作开展广播影视剧精品创作及翻译,联合申请世界文化遗产,共同开展世界遗产的联合保护工作。深化沿线国家间人才交流合作。

加强旅游合作,扩大旅游规模,互办旅游推广周、宣传月等活动,联合打造具有丝绸之路特色的国际精品旅游线路和旅游产品,提高沿线各国游客签证便利化水平。推动21世纪海上丝绸之路邮轮旅游合作。积极开展体育交流活动,支持沿线国家申办重大国际体育赛事。

强化与周边国家在传染病疫情信息沟通、防治技术交流、专业人才培养等方面的合作,提高合作处理突发公共卫生事件的能力。为有关国家提供医疗援助和应急医疗救助,在妇幼健康、残疾人康复以及艾滋病、结核、疟疾等主要传染病领域开展务实合作,扩大在传统医药领域的合作。

加强科技合作,共建联合实验室(研究中心)、国际技术转移中心、海上合作中心,促进科技人员交流,合作开展重大科技攻关,共同提升科技创新能力。

整合现有资源,积极开拓和推进与沿线国家在青年就业、创业培训、职业技能开发、社会保障管理服务、公共行政管理等共同关心领域的务实合作。

充分发挥政党、议会交往的桥梁作用,加强沿线国家之间立法机构、主要党派和政治组织的友好往来。开展城市交流合作,欢迎沿线国家重要城市之间互结友好城市,以人文交流为重点,突出务实合作,形成更多鲜活的合作范例。欢迎沿线国家智库之间开展联合研究、合作举办论坛等。

加强沿线国家民间组织的交流合作,重点面向基层民众,广泛开展教育医疗、减贫开发、生物多样性和生态环保等各类公益慈善活动,促进沿线贫困地区生产生活条件改善。加强文化传媒的国际交流合作,积极利用网络平台,运用新媒体工具,塑造和谐友好的文化生态和舆论环境。

五、合作机制

当前,世界经济融合加速发展,区域合作方兴未艾。积极利用现有双多边合作机制,推动"一带一路"建设,促进区域合作蓬勃发展。

加强双边合作,开展多层次、多渠道沟通磋商,推动双边关系全面发展。推动签署合作备忘录或合作规划,建设一批双边合作示范。建立完善双边联合工作机制,研究推进"一带一路"建设的实施方案、行动路线图。充分发挥现有联委会、混委会、协委会、指导委员会、管理委员会等双边机制作用,协调推动合作项目实施。

强化多边合作机制作用,发挥上海合作组织(SCO)、中国-东盟"10+1"、亚太经合组织(APEC)、亚欧会议(ASEM)、亚洲合作对话(ACD)、亚信会议(CICA)、中阿合作论坛、中国-海合会战略对话、大湄公河次区域(GMS)经济合作、中亚区域经济合作(CAREC)等现有多边合作机制作用,相关国家加强沟通,让更多国家和地区参与"一带一路"建设。

继续发挥沿线各国区域、次区域相关国际论坛、展会以及博鳌亚洲论坛、中国-东盟博览会、中国-东欧博览会、欧亚经济论坛、中国国际投资贸易洽谈会,以及中国-南亚博览会、中国-阿拉伯博览会、中国西部国际博览会、中国-俄罗斯博览会、前海合作论坛等平台的建设性作用。支持沿线国家地方、民间挖掘"一带一路"历史文化遗产,联合举办专项投资、贸易、文化交流活动,办好丝绸之路(敦煌)国际文化博览会、丝绸之路国际电影节和图书展。倡议建立"一带一路"国际高峰论坛。

六、中国各地方开放态势

推进"一带一路"建设,中国将充分发挥国内各地区比较优势,实行更加积极主动的开放战略,加强东中西互动合作,全面提升开放型经济水平。

西北、东北地区。发挥新疆独特的区位优势和向西开放重要窗口作用,深化与中亚、南亚、西亚等国家交流合作,形成丝绸之路经济带上重要的交通枢纽、商贸物流和文化科教中心,打造丝绸之路经济带核心区。发挥陕西、甘肃综合经济文化和宁夏、青海民族人文优势,打造西安内陆型改革开放新高地,加快兰州、西宁开发开放,推进宁夏内陆开放型经济试验区建设,形成面向中亚、南亚、西亚国家的通道、商贸物流枢纽、重要产业和人文交流基地。发挥内蒙古联通俄蒙的区位优势,完善黑龙江对俄铁路通道和区域铁路网,以及黑龙江、吉林、辽宁与俄远东地区陆海联运合作,推进构建北京—莫斯科欧亚高速运输走廊,建设向北开放的重要窗口。

西南地区。发挥广西与东盟国家陆海相邻的独特优势,加快北部湾经济区和珠江—西江经济带开放发展,构建面向东盟区域的国际通道,打造西南、中南地区开放发展新的战略支点,形成21世纪海上丝绸之路与丝绸之路经济带有机衔接的重要门户。发挥云南区位优势,推进与周边国家的国际运输通道建设,打造大湄公河次区域经济合作新高地,建设成为面向南亚、东南亚的辐射中心。推进西藏与尼泊尔等国家边境贸易和旅游文化合作。

沿海和港澳台地区。利用长三角、珠三角、海峡西岸、环渤海等经济区开放程度高、经济实力强、辐射带动作用大的优势,加快推进中国(上海)自由贸易试验区建设,支持福建建设21世纪海上丝绸之路核心区。充分发挥深圳前海、广州南沙、珠海横琴、福建平潭等开放合作区作用,深化与港澳台合作,打造粤港澳大湾区。推进浙江海洋经济发展示范区、福建海峡蓝色经济试验区和舟山群岛新区建设,加大海南国际旅游岛开发开放力度。加强上海、天津、宁波-舟山、广州、深圳、湛江、汕头、青岛、烟台、大连、福州、厦门、泉州、海口、三亚等沿海城市港口建设,强化上海、广州等国际枢纽机场功能。以扩大开放倒逼深层次改革,创新开放型经济体制机制,加大科技创新力度,形成参与和引领国际合作竞争新优势,成为"一带一路"特别是21世纪海上丝绸之路建设的排头兵和主力军。发挥海外侨胞以及香港、澳门特别行政区独特优势作用,积极参与和助力"一带一路"建设。为台湾地区参与"一带一路"建设做出妥善安排。

内陆地区。利用内陆纵深广阔、人力资源丰富、产业基础较好优势,依托长江中游城市群、成渝城市群、中原城市群、呼包鄂榆城市群、哈长城市群等重点区域,推动区域互动合作和产业集聚发展,打造重庆西部开发开放重要支撑和成都、郑州、武汉、长沙、南昌、合肥等内陆开放型经济高地。加快推动长江中上游地区和俄罗斯伏尔加河沿岸联邦区的合作。建立中欧通道铁路运输、口岸通关协调机制,打造"中欧班列"品牌,建设沟通境内外、连接东中西的运输通道。支持郑州、西安等内陆城市建设航空港、国际陆港,加强内陆口岸与沿海、沿边口岸通关合作,开展跨境贸易电子商务服务试点。优化海关特殊监管区域布局,创新加工贸易模式,深化与沿线国家的产业合作。

七、中国积极行动

一年多来,中国政府积极推动"一带一路"建设,加强与沿线国家的沟通磋商,推动与沿线国家的务实合作,实施了一系列政策措施,努力收获早期成果。

高层引领推动。习近平主席、李克强总理等国家领导人先后出访20多个国家,出席加强互联互通伙伴关系对话会、中阿合作论坛第六届部长级会议,就双边关系和地区发展问题,多次与有关国家元首和政府首脑进行会晤,深入阐释"一带一路"的深刻内涵和积极意义,就共建"一带一路"达成广泛共识。

签署合作框架。与部分国家签署了共建"一带一路"合作备忘录,与一些毗邻国家签署了地区合作和边境合作的备忘录以及经贸合作中长期发展规划。研究编制与一些毗邻国家的地区合作规划纲要。

推动项目建设。加强与沿线有关国家的沟通磋商,在基础设施互联互通、产业投资、资源开发、经贸合作、金融合作、人文交流、生态保护、海上合作等领域,推进了一批条件成熟的重点合作项目。

完善政策措施。中国政府统筹国内各种资源,强化政策支持。推动亚洲基础设施投资银行筹建,发起设立丝路基金,强化中国-欧亚经济合作基金投资功能。推动银行卡清算机构开展跨境清算业务和支付机构开展跨境支付业务。积极推进投资贸易便利化,推进区域通关一体化改革。

发挥平台作用。各地成功举办了一系列以"一带一路"为主题的国际峰会、论坛、研讨会、博览会,对增进理解、凝聚共识、深化合作发挥了重要作用。

八、共创美好未来

共建"一带一路"是中国的倡议,也是中国与沿线国家的共同愿望。站在新的起点上,中国愿与沿线国家一道,以共建"一带一路"为契机,平等协商,兼顾各方利益,反映各方诉求,携手推动更大范围、更高水平、更深层次的大开放、大交流、大融合。"一带一路"建设是开放的、包容的,欢迎世界各国和国际、地区组织积极参与。

共建"一带一路"的途径是以目标协调、政策沟通为主,不刻意追求一致性,可高度灵活,富有弹性,是多元开放的合作进程。中国愿与沿线国家一道,不断充实完善"一带一路"的合作内容和方式,共同制定时间表、路线图,积极对接沿线国家发展和区域合作规划。

中国愿与沿线国家一道,在既有双多边和区域次区域合作机制框架下,通过合作研究、论坛展会、人员培训、交流访问等多种形式,促进沿线国家对共建"一带一路"内涵、目标、任务等方面的进一步理解和认同。

中国愿与沿线国家一道,稳步推进示范项目建设,共同确定一批能够照顾双多边利益的项目,对各方认可、条件成熟的项目抓紧启动实施,争取早日开花结果。

"一带一路"是一条互尊互信之路,一条合作共赢之路,一条文明互鉴之路。只要沿线各国和衷共济、相向而行,就一定能够谱写建设丝绸之路经济带和21世纪海上丝绸之路的新篇章,让沿线各国人民共享"一带一路"共建成果。

附录二

教育部关于印发
《推进共建"一带一路"教育行动》的通知

教外〔2016〕46号

各省、自治区、直辖市教育厅（教委），各计划单列市教育局，新疆生产建设兵团教育局，部属各高等学校，部内各司局、各直属单位：

为贯彻落实中办、国办《关于做好新时期教育对外开放工作的若干意见》和国家发展改革委、外交部、商务部经国务院授权发布的《推动共建丝绸之路经济带和21世纪海上丝绸之路的愿景与行动》，我部牵头制订了《推进共建"一带一路"教育行动》，并已经国家教育体制改革领导小组会议审议通过。现印发给你们，请结合实际认真贯彻执行。

教育部
2016年7月13日

推进共建"一带一路"教育行动

推进共建"丝绸之路经济带"和"21世纪海上丝绸之路"（以下简称"一带一路"），为推动区域教育大开放、大交流、大融合提供了大契机。"一带一路"沿线国家教育加强合作、共同行动，既是共建"一带一路"的重要组成部分，又为共建"一带一路"提供人才支撑。中国愿与沿线国家一道，扩大人文交流，加强人才培养，共同开创教育美好明天。

一、教育使命

教育为国家富强、民族繁荣、人民幸福之本，在共建"一带一路"中具有基础性和先导性作用。教育交流为沿线各国民心相通架设桥梁，人才培养为沿线各国政策沟通、设施联通、贸易畅通、资金融通提供支撑。沿线各国唇齿相依，教育交流源远流长，教育合作前景广阔,大家携手发展教育,合力推进共建"一带一路",是造福沿线各国人民的伟大事业。

中国将一以贯之地坚持教育对外开放,深度融入世界教育改革发展潮流。推进"一带一路"教育共同繁荣,既是加强与沿线各国教育互利合作的需要,也是推进中国教育改革发展的需要,中国愿意在力所能及的范围内承担更多责任义务,为区域教育大发展做出更大的贡献。

二、合作愿景

沿线各国携起手来,增进理解、扩大开放、加强合作、互学互鉴,谋求共同利益、直面共同命运、勇担共同责任,聚力构建"一带一路"教育共同体,形成平等、包容、互惠、活跃的教育合作态势,促进区域教育发展,全面支撑共建"一带一路",共同致力于:

推进民心相通。开展更大范围、更高水平、更深层次的人文交流,不断推进沿线各国人民相知相亲。

提供人才支撑。培养大批共建"一带一路"急需人才,支持沿线各国实现政策互通、设施联通、贸易畅通、资金融通。

实现共同发展。推动教育深度合作、互学互鉴,携手促进沿线各国教育发展,全面提升区域教育影响力。

三、合作原则

育人为本,人文先行。加强合作育人,提高区域人口素质,为共建"一带一路"提供人才支撑。坚持人文交流先行,建立区域人文交流机制,搭建民心相通桥梁。

政府引导,民间主体。沿线国家政府加强沟通协调,整合多种资源,引导教育融合发展。发挥学校、企业及其他社会力量的主体作用,活跃教育合作局面,丰富教育交流内涵。

共商共建,开放合作。坚持沿线国家共商、共建、共享,推进各国教育发展规划相互衔接,实现沿线各国教育融通发展、互动发展。

和谐包容,互利共赢。加强不同文明之间的对话,寻求教育发展最佳契合点和教育合作最大公约数,促进沿线各国在教育领域互利互惠。

四、合作重点

沿线各国教育特色鲜明、资源丰富、互补性强、合作空间巨大。中国将以基础性、支撑性、引领性三方面举措为建议框架,开展三方面重点合作,对接沿线各国意愿,互鉴先进教育经验,共享优质教育资源,全面推动各国教育提速发展。

(一)开展教育互联互通合作

加强教育政策沟通。开展"一带一路"教育法律、政策协同研究,构建沿线各国教育政策信息交流通报机制,为沿线各国政府推进教育政策互通提供决策建议,为沿线各国学校和社会力量开展教育合作交流提供政策咨询。积极签署双边、多边和次区域教育合作框架协议,制定沿线各国教育合作交流国际公约,逐步疏通教育合作交流政策性瓶颈,实现学分互认、学位互授联授,协力推进教育共同体建设。

助力教育合作渠道畅通。推进"一带一路"国家间签证便利化,扩大教育领域合作交流,形成往来频繁、合作众多、交流活跃、关系密切的携手发展局面。鼓励有合作基础、相同研究课题和发展目标的学校缔结姊妹关系,逐步深化拓展教育合作交流。举办沿线国家校长论坛,推进学校间开展多层次多领域的务实合作。支持高等学校依托学科优势专业,建立产学研用结合的国际合作联合实验室(研究中心)、国际技术转移中心,共同应对经济发展、资源利用、生态保护等沿线各国面临的重大挑战与机遇。打造"一带一路"学术交流平台,吸引各国专家学者、青年学生开展研究和学术交流。推进"一带一路"优质教育资源共享。

促进沿线国家语言互通。研究构建语言互通协调机制,共同开发语言互通开放课程,逐步将沿线国家语言课程纳入各国学校教育课程体系。拓展政府间语言学习交换项目,联合培养、相互培养高层次语言人才。发挥外国语院校人才培养优势,推进基础教育多语种师资队伍建设和外语教育教学工作。扩大语言学习国家公派留学人员规模,倡导沿线各国与中国院校合作在华开办本国语言专业。支持更多社会力量助力孔子学院和孔子课堂建设,加强汉语教师和汉语教学志愿者队伍建设,全力满足沿线国家汉语学习需求。

推进沿线国家民心相通。鼓励沿线国家学者开展或合作开展中国课题研究,增进沿线各国对中国发展模式、国家政策、教育文化等各方面的理解。建设国别和区域研究基地,与对象国合作开展经济、政治、教育、文化等领域研究。逐步将理解教育课程、丝路文化遗产保护纳入沿线各国中小学教育课程体系,加强青少年对不同国家文化的理解。加强"丝绸之路"青少年交流,注重利用社会实践和志愿服务、文化体验、体育竞赛、创新创业活动和新媒体社交等途径,增进不同国家青少年对其他国家文化的理解。

推动学历学位认证标准连通。推动落实联合国教科文组织《亚太地区承认高等教育资历公约》,支持教科文组织建立世界范围学历互认机制,实现区域内双边多边学历学位关联互认。呼吁各国完善教育质量保障体系和认证机制,加快推进本国教育资历框架开发,助力各国学习者在不同种类和不同阶段教育之间进行转换,促进终身学习社会建设。共商共建区域性职业教育资历框架,逐步实现就业市场的从业标准一体化。探索建立沿线各国教师专业发展标准,促进教师流动。

(二)开展人才培养培训合作

实施"丝绸之路"留学推进计划。设立"丝绸之路"中国政府奖学金,为沿线各国专项培养行业领军人才和优秀技能人才。全面提升来华留学人才培养质量,把中国打造成为深受沿线各国学子欢迎的留学目的地国。以国家公派留学为引领,推动更多中国学生到沿线国家留学。坚持"出国留学和来华留学并重、公费留学和自费留学并重、扩大规模和提高质量并重、依法管理和完善服务并重、人才培养和发挥作用并重",完善全链条的留学人员管理服务体系,保障平安留学、健康留学、成功留学。

实施"丝绸之路"合作办学推进计划。有条件的中国高等学校开展境外办学要集中优势学科,选好合作契合点,做好前期论证工作,构建人才培养模式、运行管理模式、服务当地模式、公共关系模式,使学校顺利落地生根、开花结果。发挥政府引领、行业主导作用,促进高等学校、职业院校与行业企业深化产教融合。鼓励中国优质职业教育配合高铁、电信运营等行业企业走出去,探索开展多种形式的境外合作办学,合作设立职业院校、培训中心,合作开发教学资源和项目,开展多层次职业教育和培训,培养当地急需的各类"一带一路"建设者。整合资源,积极推进与沿线各国在青年就业培训等共同关心领域的务实合作。倡议沿线国家之间开展高水平合作办学。

实施"丝绸之路"师资培训推进计划。开展"丝绸之路"教师培训,加强先进教育经验交流,提升区域教育质量。加强"丝绸之路"教师交流,推动沿线各国校长交流访问、教师及管理人员交流研修,推进优质教育模式在沿线各国互学互鉴。大力推进沿线各国优质教学仪器设备、教材课件和整体教学解决方案输出,跟进教师培训工作,促进沿线各国教育资源和教学水平均衡发展。

实施"丝绸之路"人才联合培养推进计划。推进沿线国家间的研修访学活动。鼓励沿线各国高等学校在语言、交通运输、建筑、医学、能源、环境工程、水利工程、生物科学、海洋科学、生态保护、文化遗产保护等沿线国家发展急需的专业领域联合培养学生,推动联盟内或校际教育资源共享。

(三) 共建丝路合作机制

加强"丝绸之路"人文交流高层磋商。开展沿线国家双边多边人文交流高层磋商,商定"一带一路"教育合作交流总体布局,协调推动沿线各国建立教育双边多边合作机制、教育质量保障协作机制和跨境教育市场监管协作机制,统筹推进"一带一路"教育共同行动。

充分发挥国际合作平台作用。发挥上海合作组织、东亚峰会、亚太经合组织、亚欧会议、亚洲相互协作与信任措施会议、中阿合作论坛、东南亚教育部长组织、中非合作论坛、中巴经济走廊、孟中印缅经济走廊、中蒙俄经济走廊等现有双边多边合作机制作用,增加教育合作的新内涵。借助联合国教科文组织等国际组织力量,推动沿线各国围绕实现世界教育发展目标形成协作机制。充分利用中国-东盟教育交流周、中日韩大学交流合作促进委员会、中阿大学校长论坛、中非高校20+20合作计划、中日大学校长论坛、中韩大学校长论坛、中俄大学联盟等已有平台,开展务实教育合作交流。支持在共同区域、有合作基础、具备相同专业背景的学校组建联盟,不断延展教育务实合作平台。

实施"丝绸之路"教育援助计划。发挥教育援助在"一带一路"教育共同行动中的重要作用,逐步加大教育援助力度,重点投资于人、援助于人、惠及于人。发挥教育援助在"南南合作"中的重要作用,加大对沿线国家尤其是最不发达国家的支持力度。统筹利用国家、教育系统和民间资源,为沿线国家培养培训教师、学者和各类技能人才。积极开展优质教学仪器设备、整体教学方案、配套师资培训一体化援助。加强中国教育培训中心和教育援外基地建设。倡议各国建立政府引导、社会参与的多元化经费筹措机制，通过国家资助、社会融资、民间捐赠等渠道，拓宽教育经费来源，做大教育援助格局，实现教育共同发展。

开展"丝路金驼金帆"表彰工作。对于在"一带一路"教育合作交流和区域教育共同发展中做出杰出贡献、产生重要影响的国际人士、团队和组织给予表彰。

五、中国教育行动起来

中国倡导沿线各国建立教育共同体，聚力推进共建"一带一路"，首先需要中国教育领域和社会各界率先垂范、积极行动。

加强协调推动。加强国内各部门各地方的统筹协调工作，有序开展"一带一路"教育合作交流。推动中国教育治理体系完善、相关法律法规修订和教育综合改革，提升中国开展"一带一路"教育行动的质量和水平。教育部与国家发展改革委、外交部、商务部等部门和全国性行业组织紧密配合，围绕共建"一带一路"大局，寻找合作重点、建立运行保障机制，畅通教育国际合作交流渠道，对接沿线各国教育发展战略规划。

地方重点推进。突出地方推进共建"一带一路"的主体性、支撑性和落地性，要求各地发挥区位优势和地方特色，抓紧制订本地教育和经济携手走出去行动计划，紧密对接国家总体布局。有序与沿线国家地方政府建立"友好省州""姊妹城市"关系，做好做实彼此间人文交流。充分利用地方调配资源优势，积极搭建海内外平台，促进校企优势互补、良性合作、共同发展。多措并举，支持指导本地教育系统与"一带一路"沿线国家广泛开展合作交流，打造教育合作交流区域高地，助力做强本地教育。

各级学校有序前行。各级各类学校秉承"己欲立而立人"的中国传统，有序与沿线各国学校扩大合作交流，整合优质资源走出去，选择优质资源引进来，兼容并包、互学互鉴，共同提升教育国际化水平和服务共建"一带一路"能力。中小学校要广泛建立校际合作交流关系，重点开展师生交流、教师培训和国际理解教育。高等学校、职业院校要立足各自发展战略和本地区参与共建"一带一路"规划，与沿线各国开展形式多样的合作交流，重点做好完善现代大学制度、创新人才培养模式、提升来华留学质量、优化境外合作办学、助推企业成长等各项工作的协同发展。

社会力量顺势而行。开展更大范围、更深层次、更高水平的"一带一路"教育民间合作交流，吸纳更多民间智慧、民间力量、民间方案、民间行动。大力培育和发展我国非营利组织，通过购买服务、市场调配等举措，大力支持社会机构和专业组织投身教育对外开放事业，活跃民间教育国际合作交流。加快推动教学仪器和中医诊疗服务走出去步伐，支持企业和个人按照市场规则依法参与中外合作办学、合作科研、涉外服务等教育对外开放活动。企业要积极与学校合作走出去，联合开展人才培养、科技创新和成果转化，积极服务"一带一路"国家经贸发展。

助力形成早期成果。实施高度灵活、富有弹性的合作机制，优先启动各方认可度高、条件成熟的项目,明确时间节点,争取短期内开花结果。2016 年,各省市制订并呈报本地"一带一路"教育行动计划,有序推进教育互联互通、人才培养培训及丝路合作机制建设。2017 年,基于三方面重点合作的沿线各国教育共同行动深入开展。未来 3 年,中国每年面向沿线国家公派留学生 2500 人;未来 5 年,建成 10 个海外科教基地,每年资助 1 万名沿线国家新生来华学习或研修。

六、共创教育美好明天

独行快,众行远。合作交流是沿线各国共建"一带一路"教育共同体的主要方式。通过教育合作交流,培养高素质人才,推进经济社会发展,提高沿线各国人民生活福祉,是我们共同的愿望。通过教育合作交流,扩大人文往来,筑牢地区和平基础,是我们共同的责任。

中国愿与沿线各国一道,秉持开放合作、互利共赢理念,共同构建多元化教育合作机制,制定时间表和路线图,推动弹性化合作进程,打造示范性合作项目,满足各方发展需要,促进共同发展。

中国教育部倡议沿线各国积极行动起来,加强战略规划对接和政策磋商,探索教育合作交流的机制与模式,增进教育合作交流的广度和深度,追求教育合作交流的质量和效益,互知互信、互帮互助、互学互鉴,携手推动教育发展,促进民心相通,构建"一带一路"教育共同体,共创人类美好生活新篇章。

后 记

本书是张德祥教授主持的中国高等教育学会高等教育科学研究"十三五"规划重大攻关课题"'一带一路'国家高等教育政策法规研究(16ZG003)"的研究成果。

本书由张德祥教授和李枭鹰教授负责总体规划、设计和架构,确定编译的主旨与核心,组织人员搜集、选取、翻译和整理这些国家的相关教育政策法规,最后审阅书稿。其中,《土耳其高等教育法(1981年)》由李枭鹰编译;《黎巴嫩的高等教育系统》《约旦国家教育战略(2006年)》由大连理工大学高等教育研究院教育管理专业2019级博士生齐小鸥编译;《约旦教育战略计划(2018—2022年)》由大连理工大学高等教育研究院高等教育学专业2018级硕士生郑佳编译;《黎巴嫩教育部门发展计划(普通教育)(2010—2015年)》《叙利亚千年发展计划(初等教育普及化)》《土耳其国家教育部终身学习战略(2009年)》由大连理工大学高等教育研究院高等教育学专业2018级硕士生彭晓帆编译;《黎巴嫩国家教育战略(2006年)》《约旦高等教育和科学研究法》由大连理工大学外国语学院英语专业2016级硕士生王博琦编译。这些政策法规文本的语言为英语。全书由李枭鹰、齐小鸥统稿。

本书的出版得到了中国高等教育学会、大连理工大学出版社的大力支持,课题组在此深表感谢!

课题组